魏学仁年谱

(1899-1987)

（美）魏白蒂 著

南京大学出版社

献辞

这本年编是

特来纪念我们的父母

魏学仁（1899—1987），刘颖保（1904—1991）

魏学仁　1966年　美国

在苏州拍电影时与前来视察的教育部专员郭有守（左二）合影

1934 年　苏州

孙明经拍摄

学仁颖保金婚纪念全家合影
1979 年　美国伯大尼

Sketch by renowned artist Master Tse

魏白蒂（本书作者）肖像速写
（画像者：著名画家谢举贤）

魏白蒂（右）与长女刘道美合影

1982年　美国

魏白蒂（右）与小女刘道仁合影

2018 年　美国

目　录

中文版序言

1991 年 6 月底，我正在香港收拾行李预备去沈阳参加一届中国人民大学筹办的国际清史研讨会，接到妈妈从檀香山打来的长途电话，叫我马上就去看她。她说："我有事情要吩咐你！"我深熟妈妈的心情，晓得"吩咐"这两个字暗示着她所要谈"事情"的严重性。有时我跟妈妈辩嘴，但这次我完全没有反应。立刻换了飞机票，当天就去了夏威夷。

妈妈还没有等我坐下来，就说：你爹爹[1]去世已到五年；他一辈子对学术界、教育界、科学电影界、国家初期现代化、抗日和在联合国为建立国际管控原子能机构的贡献，现在晓得的人已经越来越少。连他的儿女对他的生平事业都不太清楚。所以妈妈说不能让爹爹沉落到历史的深渊；叫我一定要答应她写一本关于爹爹的书，讲讲他一生的成就；让他的后代和其他世人知道他对国家和社会的贡献。

妈妈给我这个责任以后不久，也归仙了。遗憾我没有当时就问她关于爹爹的生平、事业和对他们时代一切的感想，听听她记得什么事情，看看她的意见和观点。等我想到问他们那辈子的亲友他们那时的生活情形和感想，这些伯父伯母叔叔娘娘们也已经辞世。幸好还存在不少关于爹爹的写作，在网上又发现几篇上世纪三十年代他回忆自己童年的心情、也反映了他当时观念的文章。让我能顺序来编爹爹的年谱，将他所做的、所说的，妈妈所说的，他的老师、朋友或学生所说的，和当时的时事、生活背景，加上我自己记得的，尽量写了下来。正式研究爹爹各方面的成就、对国家社会的贡献和历史地位的论文，

---

[1] 编者注："爹爹"是南京方言，即父亲。此处指父亲魏学仁。

就要等未来客观的学者用学术研究和"第三者"的眼光来花工夫完成了。现在国内学者已经出版了一些研究爹爹事业和成就的论文。但是妈妈叫我写的这篇还是需要的。这份年编特别的就是有关于爹爹个人的资料和从我私人观点出发的文章。

还有一个难题：我是作者，又是女儿，如何称呼这本书的主角呢？用他的名字呢，还是叫他爹爹？所有我请教的人，都有不同的意见。我换了又换，改了又改；不能决定。最后在正文上用了"学仁"和"颖保"，但是在对我而言比较顺口一点的地方，还是用"爹爹"和"妈妈"。

鸣　谢

现在，我要向下列各位人士道谢。没有他们给我别处找不到的资料，这份年编是不会见世的：我的外子刘孟达，女儿刘道美和刘道仁，我的弟弟妹妹们，弟妹魏孔丽中，长侄魏光普，侄女[1]刘慧美，爹爹的同事及挚友孙明经的女儿和儿子孙建秋和孙建三；爹爹在芝加哥大学研究院的同学杨武之的儿子杨振宁和杨振汉及振汉夫人。

最重要的，我要感谢帮忙寻找国内资料最吃力的一位"研究资料供给人"：爹爹堂弟魏学礼的长孙，魏永康。永康专业是核信息工程，一直从事原子能相关工作，对爹爹的事业极有兴趣。他多年来一直寄给我所有国内出版的关于爹爹和他成就的文章。

妈妈1991年嘱咐我写关于爹爹的生平、事业和他对国家社会所作贡献的文章，到现在已二十多年。2003年我从香港演艺学院归田以后，如果没有各学府的赞助，给我名誉职衔，让我能参考他们收藏的图书档案，参加他们的学

---

[1]编者注："侄女"为家族内的习惯称呼，实际指外甥女。

术讨论，这项工作是无法进展的。我十分感谢：香港大学历史系、香港大学香港人文社会研究所（前香港大学亚洲研究中心）和中国人民大学清史研究所。

我也在一次学术会议上报告过寻找研究参参年谱资料的经过，得到各处学者的鼓励。我特别感谢四川大学的顾学稼教授，南京大学的茅家琦教授，人民大学清史研究所的王俊义教授和黄爱平教授，香港和华南历史专家夏思义（Patrick Hase）博士，香港大学历史系的管沛德（Peter Cunich）教授，前亚洲研究中心主任黄绍伦教授，香港大学香港人文社会科学研究所所长梁其姿教授和饶宗颐学术馆的郑炜明教授。

没有耶鲁大学的白彬菊教授（Beatrice Bartlett）的指导和协助，我是不会开始运用相关部门和图书馆收藏的档案来研究的。没有南京信息工程大学朱茜老师的帮助与努力，这本书是不会像样的！

最后，我感谢在南京的中国第二历史档案馆，香港大学图书馆及其各分馆，香港演艺学院图书馆馆长管理员和职员，美国麻省西津市镇图书馆（J.V. Fletcher Library, Westford, Mass., USA）。

除了有翻译人姓名的文章以外，所有的翻译工作都是我做的。

所有不整全或不准确的地方，当然也是我的责任。

魏白蒂

写于美国

2017 年 6 月

客序一

我写这些文字时，幅幅照片如放电影般一幕幕浮现在心头。

· 一位老先生带着他的两个孙儿去西弗吉尼亚州伯大尼的当地商店购买报纸和糖果。

· 一幅老先生早年在联合国工作时的照片：他在建立国际原子能机构的谈判中与苏联代表安德烈·葛罗米柯交谈。

· 老先生在伯大尼大学授课。

· 退休后，老先生在夏威夷檀香山的家中告诉长孙，他制作了中国第一部纪录片，亲自拍摄了世界上第一部彩色日全食影片。

· 长孙婚礼前，老先生在芝加哥躺在床上讲述自己在 1919 年参加反对售卖日货商家的爱国学生运动。

· 这位老先生就是我的祖父。

· 他就是魏学仁。

· 他的长女执笔编写了英文版魏学仁年编。

长孙魏光普

写于荷兰阿姆斯特丹

2015 年 4 月 23 日

客序二

人人都知我是妈妈最严厉的批评家，所以现在她叫我替她这本著作写一篇序，她的勇气是我们大家一定要称赞的。

妈妈平时的著作大都是学术性的论文。她专修历史，研究资料满是各种档案和其他学者的研究著作。这次她查看关于我外公和外婆的生平——尤其从妈妈的观点来看，是透彻了解她"最亲爱的爹爹"——的资料，编辑这本年编，需要她控制许多个人情感才能完成，其任务尤为"艰巨"。

外公的重要经历值得讲述。这并不是为了讲述他个人想要努力完成的事情（事实上，他很可能会因为有人记录和出版他的生平及他对教育界和国家社会的贡献而感到难为情！），而是要讲述他及他们付出努力背后的内心想法。五四运动时，外公二十岁出头，他那一辈有幸在国外接受教育的人，完全相信他们存在的意义就是帮助祖国步入现代社会。他们中的许多人一生都没有个人目标，既不追利，也不求名——幸好如此，因为他们最终都是名利皆无。然而，当时的政局动荡意味着他们的许多目标并不能通过自己的努力去实现，他们的贡献和成就也没有引起人们的关注。

今天，距外公和他那一辈活动的时间已过了一世纪。写他们生平和成就的作者可以用历史学家的观点来研究他们个人和那个时代。如果现代的学者不研究先人一代，就太可惜了。现代的人以为人人都能上学深造，毕业以后就做自己有兴趣的事业。但一百年以前，很少中国人能有这种机会——出国学习研究他们的专业，回国替祖国现代化出力。我外公拒绝了留在美国加入自己极有兴趣的原子能研究以及后来获得诺贝尔奖的机会，回到母校替国家培养科学教育人才。

因此，我特别感激我妈妈肯克服她悲伤的情绪，花时间和精力编辑外公这本年编。

长外孙女刘道美

写于香港

2015 年 4 月 20 日

收集"魏氏"先祖记事

我一直以为我们魏家没有家谱，也不上坟祭拜祖宗，是因为大石桥爷爷[1]在二十世纪初年受洗加入基督教，把先人遗留下来的祭祖器具和跟祖先有关系的档案都烧掉了。这种思想我这个研究历史的人倒是能完全接受的。那时我还没有开始专修清史，不晓得家谱和族谱不是普通老百姓家家随便就能编辑的。以为在爷爷信仰耶稣以前，我们魏家也有家谱，爷爷信教，就把家谱烧掉了。明末欧洲天主教的耶稣会教士来中国传教，没有逼信徒停止拜祭他们的祖先。但是鸦片战争以后来中国的新教教士，就不同了。基督徒就必须完全放弃其他的宗教（佛、道）及敬拜祖宗的传统习惯和仪式。大石桥爷爷是魏家的第一代基督教徒；他的信仰让他即便没有烧毁族谱，也一定不会继续替祖宗烧香磕头，更一定不会留下祖先的档案和拜祖的器具。

我们姐妹兄弟也没有问爹爹妈妈关于祖先的事情。我们的祖父母早已过去[2]，外祖父母在我还未懂事、弟妹出生以前也已辞世。所以我们没有想到在爹爹妈妈以上还有亲人。爹爹妈妈也因为生活顺利，事业、社会服务和交际也极忙，只顾当下，没有空闲时间和精神回忆先人的生活和事状说给我们听。

二十世纪八十年代，爹爹妈妈退休以后住在夏威夷，比较有时间和心情跟我们小谈关于魏家以往的情形。我已经晓得魏姓在《百家姓》上占第十二位，但是不知道魏姓是什么时候在哪里开始的。爹爹告诉我魏氏祖先是春秋时代在今天河北的钜鹿郡开始的。祠堂名字叫春晖堂，在《史记》上也有记载。元末

---

[1] 我们称呼父亲的叔叔"大石桥爷爷"，因为他是祖父辈，住在大石桥。
[2] 编者注：指过世。

明初中原大乱，老百姓扶老携幼大规模地迁移南下。我们的祖先就是这段时间在长江下游定居的。

2003 或 2005 年，我去澳门参加利氏学社（Mateo Ricci Institute）筹办的研讨会，刚巧遇见一位魏美昌先生。魏先生是当时魏氏宗亲会亚洲分会会长。他说过一些现代魏氏宗亲会的情形，我才知道魏姓是大族。魏先生又说魏姓有好几部族谱，"书店里都有"。可惜我平常去的书店根本从来没有听说有这一套书。幸好我在香港大学冯平山图书馆找到两套魏氏族谱。

魏姓始祖毕万（公元前 661 年封魏侯）

图片来源：魏仁杰统筹，魏创有、魏厚学主编，《南阳魏氏族谱》，2002，第 3 页。

现代魏氏子孙居留中国各省，世界各地。我在香港大学图书馆又找到参考书：《史记》《魏书》和各地的方志，得知魏氏的始祖是春秋时代的毕万，在公元前 661 年被封为"魏侯"，守钜鹿郡（今河北）。照传统的习惯，从他的儿子开始就用国名"魏"为姓。后来魏氏君主位有"魏王"、"魏公"和"魏侯"。有一位君主建都在黄河南岸大梁（今河南开封）。

从战国时代（公元前 475—前 221 年）到公元前 200 多年魏国都还存在。但是魏国强或弱就是要看当代君主的能力如何了。公元前 445—前 396 年在位的魏文侯是一名既明智，又善用人才的统治者。战国时代魏国实施了两期庞大的运河工程。第一期工程，大沟，"引黄河水南流，穿过济水进入今河南中牟西边的圃田泽；再从圃田泽挖沟引水东流至魏都大梁北郭"。第二期工程，鸿沟，"经陈旧都（今河南淮阳），于沈丘附近注入颖水，经颖水与淮水、汝水相通，由此构成了沟通黄淮平原诸国的鸿沟水系，促进了整个区域的经济文化交流"。[1]

这位魏文侯的宰相，李悝，在公元前407年左右编订了中国第一本比较系统的成文法典《法经》，"基本汇聚了战国时期各国法律建设的已有成果，在我国法制史研究领域具有重要意义"。[2]公元前225年秦国攻占魏国，四载以后，秦始皇打败所有战国时代的王公侯等，统一了中国。

从此。历史上就没有魏国了。

* * * * * * * * * * * * *

三国时代曹操的"魏国"（公元220—265），和南北朝的"东魏"（公元534—550），"西魏"（公元535—556），和我们家的魏姓没有关系。

---

[1]陈祖怀：《列国争雄：公元前403年至公元前221年的中国故事》，上海.上海文艺出版社，2004年版，第36页。

[2]同上，第34页。此《法典》有六部分。

南京始祖魏有福（1850？—1903）

　　1996 年 11 月底，我带女儿道美去南京拜访仍旧住在大石桥的亲戚。正巧外子刘孟达的表姐林建华、表姐夫李元骏也在南京看他们的朋友——扬州的名书画家萧平。我们就聚一起去游玩南京的名胜。堂弟魏蕴和（小名小杰，1936—2012），当时是南京公园和城市景观工程师，就主动做导游陪我们。刚好我们站在明朝城墙的中华门上面，瞭望南京的远景，小杰问我知不知道我们的曾祖父，爷爷的父亲，带着老婆和两个儿子，就是从这个中华门走进南京城的。

　　从他后裔的身材来推测，魏有福差不多六英尺（180 多厘米）高，黑色卷发，面貌英俊。据说他挑着扁担，扁担每头挂着一只竹篮子，每只篮子里面坐了一个儿子，妻子背着抱着包袱，跟着拖着就由中华门走进南京城了。那时他大概二十几岁。我参考存在于历史上的魏有福在世的日期，结论是他在太平天国运动（1851—1864）以后，公元 1880 年以前，因为长江下游治安太差，所以决定离开乡下搬进城的。他两个儿子，我的祖父和大石桥爷爷，生在 1875 年和 1877 年；1880 年以后他们已经超过三岁，可以自己走路，而且坐在篮子里面也太重了。

　　篮子里面还摆放了其他的东西。魏有福带着全家从乡下进城以前，一定把在乡下的房子卖掉了，所以他手上还带了现款。清代银锭是用来交税或者做生意的，人民用铜板。当然大批现款可以在钱庄换成银票，不过因为当时时局不好，我想魏有福手上拿的至少有一部分是现款。从他孙子学仁 1935 年的一篇文章中得知，魏有福到南京不久，就买了房子；同时也买了六七架纺织机，开工做他的缎子和织锦[1]手工业生意。

魏有福真是有福。至少可以说他一辈子能将他自己和家人的生活弄得有条有理，又出主意计划子孙的前途。他是做手工艺的人，专门纺织最优等的缎子和织锦。资本、工厂、工具和材料是自己的，所有的工人也都是自己家里的人。

魏有福的长子，爹爹的父亲，1902年就得霍乱过去[2]。那时他才二十七岁；儿子才三岁。第二年魏有福自己也病故。魏家的手工业已经失去一半工人。二十六岁的大石桥爷爷不是长子，没有想到全家的生意和家族的责任忽然落在他的肩膀上面。他的身体又不强壮，差不多二十年以后他才完全恢复。不过那时他已经放弃纺织缎子织锦，转而集中精神气力买卖他人的出产。

我们可以说，魏家的织锦手工业在魏有福过世那时，就结束了。

---

[1] 编者注："缎子和织锦"是作者父亲魏学仁院长用的词语，这里应指当时的两种织物。

[2] 编者注：指过世。

学仁颖保后裔表（2012 年 5 月）

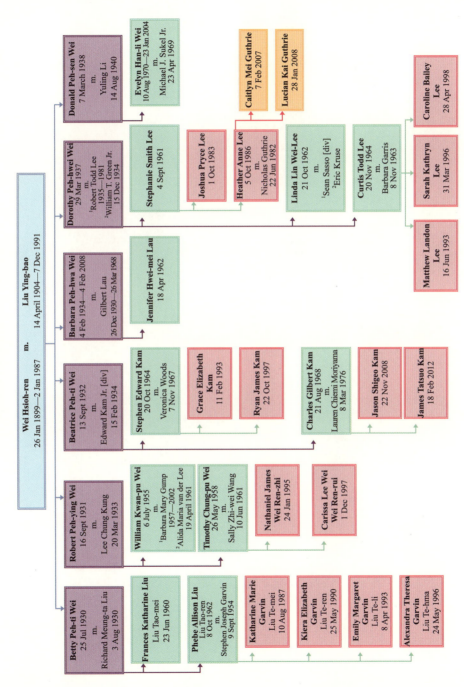

Wei Hsioh-ren
26 Jan 1899—2 Jan 1987
m.
Liu Ying-bao
14 April 1904—7 Dec 1991

Betty Peh-ti Wei
25 Jul 1930
m.
Richard Meung-ta Liu
3 Aug 1930

Robert Peh-ying Wei
16 Sept 1931
m.
Lee Chung Kung
20 Mar 1933

Beatrice Peh-ti Wei
13 Sept 1932
m.
Edward Kam Jr. [div]
15 Feb 1932

Barbara Peh-hwa Wei
4 Feb 1934—4 Feb 2008
m.
Gilbert Lau
26 Dec 1930—26 Mar 1968

Dorothy Peh-hwei Wei
29 Mar 1937
m.
¹Robert Todd Lee
1935—1981
²William T. Green Jr.
15 Dec 1934

Donald Peh-sen Wei
7 March 1938
m.
Yuling Li
14 Aug 1940

Frances Katharine Liu
Liu Tao-mei
23 Jun 1960

Phebe Allison Liu
Liu Tao-ren
8 Oct 1962
m.
Stephen Joseph Garvin
9 Sept 1954

William Kwan-pu Wei
6 July 1955
m.
¹Barbara Mary Gump
1957—2002
²Alida Maria van der Lee
19 April 1961

Timothy Chung-pu Wei
26 May 1958
m.
Sally Zhi-wei Wang
10 Jun 1961

Stephen Edward Kam
20 Oct 1964
m.
Veronica Woods
7 Nov 1967

Charles Gilbert Kam
21 Aug 1968
m.
Lauren Chiemi Moriyama
8 Mar 1976

Jennifer Hwei-mei Lau
18 Apr 1962

Stephanie Smith Lee
4 Sept 1961

Joshua Pryce Lee
1 Oct 1983

Heather Anne Lee
5 Oct 1986
m.
Nicholas Guthrie
22 Jun 1982

Linda Lin Wei-Lee
21 Oct 1962
m.
¹Sean Sasso [div]
²Eric Kruse

Curtis Todd Lee
20 Nov 1964
m.
Barbara Garris
8 Nov 1963

Evelyn Han-li Wei
10 Aug 1970—23 Jan 2004
m.
Michael J. Sukel Jr.
23 Apr 1969

Caitlyn Mei Guthrie
7 Feb 2007

Lucian Kai Guthrie
28 Jan 2008

Katharine Marie Garvin
Liu Te-mei
10 Aug 1987

Kiera Elizabeth Garvin
Liu Te-ren
25 May 1990

Emily Margaret Garvin
Liu Te-li
8 Apr 1993

Alexandra Theresa Garvin
Liu Te-hma
24 May 1996

Nathaniel James Wei Ren-zhi
24 Jan 1995

Carissa Lee Wei Wei Ren-rui
1 Dec 1997

Grace Elizabeth Kam
11 Feb 1993

Ryan James Kam
22 Oct 1997

Jason Shigeo Kam
22 Nov 2008

James Tatsuo Kam
18 Feb 2012

Matthew Landon Lee
16 Jun 1993

Sarah Kathryn Lee
31 Mar 1996

Caroline Bailey Lee
28 Apr 1998

引　介

魏学仁，号乐山，江苏南京人。公元 1899 年生在南京城北，1987 年病故于夏威夷檀香山皇后医院。他的生平和事业成就和清末民初他那一辈住在已开埠通商城市、受过西式教育的中国青年们差不多。他们接受新式教育，国内大学毕业，出国进研究院；得到博士学位和特别专门知识，回国替祖国现代化服务。

学仁出生在南京一个还算宽裕的手工业者家庭。他是长房长子，童年娇养。但是三岁殇父，第二年又失去祖父，变成孤儿。五岁启蒙，六岁科举制度废除，叔叔同寡母商量之后，将他送到美国基督教传教士在南京开办的新式学校：进汇文小学，汇文中学（后改名为金陵大学附中，今金陵中学）；后直升金陵大学堂本科。教会学校除国学以外，其他课程完全用英文教授。学仁成绩优秀，尤其英文、数学两科，无人能比。在金大专修科学，对天文数学研究也花功夫。课外活动除英语辩论以外，参加全国的学生爱国反日运动。大学毕业成绩位列全班第一，得洛氏奖学金（Rockefeller Scholarship）出国赴芝加哥大学研究物理三年。

在芝加哥大学有当时两位获诺贝尔物理学奖的全球首席原子学专家作学仁导师。1928 年他的博士论文《氦光谱 D3 谱线精密结构分析》，受学术界专家称赞，当时就在美国科学杂志上面发表，对后来研究多有影响。[1] 他没有接受芝加哥大学的邀请留校，而是回南京母校。他是他那一代的典型青年，深

---

[1] 高锟（Charles Kao，1933—2018），曾任香港中文大学校长（1987—1996），2009 年的诺贝尔物理学奖获得者，是第一个对我这样说的人。

信国父孙中山的爱国、爱民的思想观点，尽力将自己的才智心力贡献给祖国，为国家现代化服务。不过，他一辈子从来没有加入任何政党。

金大理学院在1930年正式成立，学仁任首任院长。培养各系专修学生：数学，纯科学和应用科学，工程和技术。使学生掌握科技基本知识，再替毕业生在欧美寻找奖学金机会，送他们去高级学府深造，提高中国科学水平。[1]他一生提倡发展科学教育和教学电影。[2]为促进教师学习科学知识、增加大众常识及发展科学电影教育，学仁将制作与放映电影技术引入理学院课程。从上世纪三十年代孙明经进金大理学院读本科，同时半工半读地就职教育电影委员会书记，一直到1945年学仁出国，二人合作摄制了教学教育电影200余部。又和教育部及商业电影界合作创办中国教育电影协会。1935年金陵大学农、理学院和教育部、中央电影厂合作摄制的《农人之春》得到中国第一个国际电影奖（比利时教育电影比赛）。学仁为此片的制作人。次年（1936）世界上第一部彩色日全食影片，是学仁在北海道亲手拍摄的。[3]

抗日战争时期金大疏散到四川成都华西坝。学仁带领理学院电机工程系和教育电影部加上新成立的汽车训练班和电焊技术班等短期培训班迁在重庆。得到国防部、教育部和交通部津贴补助，又办厂制造他和同事发明设计的蓄电池、变压器等各种仪器，同时还有蒸馏水、煤气。收入用来贴补学校经费。其外，他又用发明的湿电池蓄电开发云南贵州的山地和农村，对社会进化、人民生活水平加高影响不少。对国家现代化和抗日战争贡献极大。

学仁学术地位高，又对原子能物理学有很深的研究，英语流利，能在大

---

[1]中国原子能专家吴征铠在金陵大学理学院化学系毕业那年，想去芝加哥大学研究原子能化学。那年送中国大学毕业生去美国深造的奖学金已经用完，学仁建议吴征铠可以申请庚子赔款奖学金，到英国的剑桥大学去研究原子能化学。这是吴征铠2006年在北京亲自告诉我的。

[2]魏学仁：《中国之教育电影与教学电影》，载《中国教育电影协会会刊》1936年，第14—18页。

[3]请参考本书附录二，魏学仁的报告。

众前辩论。1945 年 8 月日本投降后，联合国成立。1946 年联合国原子能委员会开始工作，学仁受国家邀请担任驻联合国代表团科学顾问，是国际原子能委员会几位科学专家之一。学仁提议他们讨论的题目不能只是原子弹，原子能还有许多别的用处。他们讨论的结果作为联合国国际原子能管理控制基础宪章：国际原子能运用、控制、辐射及裁减军备政策。

学仁 1962 年离开代表团，决定留居美国，回到高等教育领域工作。当年接受西弗吉尼亚州一所基督会办的伯大尼大学邀请，成为物理系兼公共事业教授。1970 年哥伦比亚大学工程学院表彰学仁对工程教育的贡献，授予其该校的铜狮奖。

文献资料来源

本书资料之中有未出版的档案，不过数目不多。南京大学所藏金陵大学档案现在该校。在南京的中国第二历史档案馆收藏有金陵大学理学院成都院长室档案数份，里面有几份学仁的底稿和寄信函。其中最珍贵的是一份电影剧本："苏武牧羊"的历史故事。二十世纪晚期因为庆祝金陵大学建校八十周年，后来又一百年校庆，南京的学校委托历史学家编纂了好几本校史和纪念册，内有不少我能采取的和这本年编有关系的文献资料。大陆、台湾和海外的校友也出版了不少著作，为我办理这件项目帮助不小。在金陵大学档案里面有全套理学院的公文，未来对理学院历史进行学术性研究的学者一定会欢迎的。

我特别欣赏的，还是学仁的朋友、同学、同事、导师、学生等写的散文。

在这本书末尾我提供了一份详细的参考文献目录，希望能帮助到未来研究二十世纪中国历史的学者，介绍给他们一些不太普通的书本、杂志、网站等参考资料。

1899　1910

第 一 章

童年时代

学仁的童年时代，世界和国家出了几件大事，影响了他一辈子的生活和人生观点。十九世纪最后一年他出生在南京还算宽裕的丝绸手工业者家庭，长房长子。就是说，他成人以后不选择功名升官一路职业的话，也能承继家业，做丝绸生产生意。但是他三岁失父，娇子变成孤儿，随寡母寄居叔父篱下。那时清朝已经对外开放，西方新教传教士在南京开办学府。二十世纪初年，八国联军侵华，清政府战败，科举制度废除，叔父远见，送学仁去美国传教士所办的西式学校读书。

1899

- 公历 1 月 26 日（光绪二十四年十二月十四日），学仁生在南京北门桥（祖坟一直到二十一世纪初年仍旧存在[1]）。
- 学仁自号乐山，引"仁者乐山"为典。
- 祖父魏有福（1850？—1903），南京城北魏氏始祖，创办魏家在南京的织锦绸缎手工生产生意。
- 祖父魏有福是在太平天国运动以后从乡下搬进南京城里的。那时他和妻子带着两个儿子，同时也带了足够资本可以买地置家，开始建立他的纺织工业。
- 学仁 1935 年在一篇文章中谈到了二十世纪初年南京的纺织业，同时也回忆了在他童年时魏家纺织手工业者的生活：

---

[1] 2004 年坟墓搬到南京象山基督教公墓。

作者（左）和女儿刘道美在南京城墙中华门上
1996 年 11 月
魏白蒂收藏

　　三十年以前南京是一个重要丝绸中心。做丝绸生意的商人从全国各地到南京来置货，最远的买商是从西藏和蒙古来的。南京出产最多的丝绸种类是缎子和织锦。当时南京有差不多一万座织锦和缎子的织机。规矩是男织，女纺；后者又操理家事。[1]人人对自己生活甚为满意；将手艺和生意一代传一代。我就是生长在这种丝织的家庭。祖父母、父母、叔叔、叔母和孩子们，全家都合作生产；生意美满，生活愉快。我是我这一辈的长房长子，为大家宠爱。照理说我成人以后，一定会承继祖父的事业工作。未想到我才满三岁，父亲得霍乱去世；次年祖父病故。这个大家庭的责任就完全推到只有二十几岁的叔父肩膀上了。我同寡母、姐姐继续住在魏家。叔父是家长，他把我们姊弟二人和他自己的儿女一同抚养。[2]

---

　　[1] 养蚕，缠丝是女人的责任。我猜魏家不是自己养蚕。他们从外面买已染好的丝线来纺织锦缎。

　　[2] 载《世界之声》（*World Call*，编者注：此为英文杂志，作者译为《世界之声》），1935 年 2 月。学仁文章多半是用英文写的。颖保告诉我，学仁的中文文章大都是他学生、后来的秘书高钟润起稿的。

· 祖父　魏有福（1850？—1903）[1]

· 父　魏锦章（1875—1902）

　　· 一直跟着父亲做织锦绸缎手工艺。

　　· 1902年得霍乱去世。那时27岁。

　　· 学仁才三岁。

　　· 学仁从来没有在我们面前提过他父亲。我也没有听见其他亲戚提起他的名字。不过学仁收藏的一张他叔叔写的手书上面形容自己父亲失去长子时如何心伤。[2]

· 母　张氏（1915年卒）

　　· 学仁母亲守寡十多年。她性情温柔。丈夫病故那年女儿五岁，儿子才三岁。一年以后公公也去世，她带着两个孩子依靠叔叔。不过她一定负责不少家事，如服侍婆婆、烧饭、洗衣，等等。我们知道她手艺极好，尤其会织花边。许多人预定她的花边，所以她有一些固定收入，至少能有助于自己和儿女的开支。[3]

　　· 我们也记不得听见学仁提起他的母亲，但是上面所说关于她的事，一定是学仁或他姐姐说的。学仁老朋友李适生的文章中，也提到学仁读中学时曾在青年会开班替人补习数学和英文，每次上课来回走路必须要花两

　　　　[1]请看本书"南京始祖魏有福（1850？—1903）"篇章。
　　　　[2]大石桥爷爷在1966年1月20日写给学仁、颖保一张手书。这张字长38厘米宽26.4厘米，现在我手上。上面爷爷形容他父亲失子时如何伤心。请参见本书附录一。
　　　　[3]学仁刊登在1935年《世界之声》上的那一篇文章中说她母亲凭手艺获得的收入让他和姐姐能专心上学，不需要半工半读。

大石桥娘娘魏修征（左）伯伯魏忆征（右）与爷爷同照
二十世纪五十年代晚期
魏家收藏

个小时。李适生说学仁不坐黄包车因为他要省钱给妈妈用。[1] 所以我猜想学仁母亲虽然不出房租，但她一定至少要贴一点伙食和其他费用。

· 关于她儿女读书的事情，大石桥爷爷做主。不过爷爷都请示她的意见。

· 她也和女性友人谈关于儿女教育的各种话题。所以我们知道她不是一个没有思想和主见的女人。

· 姐　魏忆征（1897—1960）

· 未婚。我们称她伯伯（南京习惯称父亲未婚的姐姐"伯伯"，未婚的妹妹"娘娘"）。

· 获美国肯塔基州百利亚大学（Berea College）学士学位。[2]

· 伯伯性情温柔，事事总是听堂妹妹的主意。大学毕业回国以后在汇文女中任教，也替教会义务服务。我们看见伯伯用《圣经》作课本教用人识字，同时传教，当时以为很滑稽，不过也十分感动。

---

[1] 李适生：《一位成功的科学教育家——魏学仁院长》，载《金陵大学》，台北·金陵大学校友会台北分会，1982年版，第303-306页．

[2] 百利亚大学（Berea College）在1859年（美国内战前一年）开课。该校使命：反奴隶制度，反社会人种不平等制度，反罪恶，反娱乐。

1902

· 学仁三岁

· 父亲病故。

· 同寡母、姐姐住魏家，就是本来的祖父母家。祖父过去[1]房子卖掉以后，
大石桥爷爷在教会开办的学校附近买了他自己的房子，住他家的亲戚就
算"寄人篱下"了。

1903

· 学仁四岁

· 祖父卒。

· 三十年以后学仁在杂志上写了一篇文章[2]回忆他小时家庭生活和这一
年的变故。

· 叔父　魏锦川（号芷遗，1877—1968）；婶母　徐淑筠（1946年卒）

· 叔父继承织锦丝绸事业。

· 从上面所说的学仁那篇文章来看，好像他叔叔在继承家族事业不久就搬
到大石桥。我的理解是他把城北的房子和织机等工具都卖掉了。这是我
的猜想，我没有资料。魏家上一辈的人已经不在；我这一辈完全不知道，
所以我的结论可能是完全不对的。

· 叔父受洗为基督徒。

---

[1]编者注：指过世。

[2]请参见本书第一章"1907"部分。

快九十岁的大石桥爷爷
二十世纪六十年代
魏家收藏

- 叔父一定受过教育，因为他谈吐有学问，能书法。

- 叔父有远见，了解时事，把自己的子女、侄儿女都送到外国传教士开办的学校接受新式西方教育。也灌输给他们为社会人类服务的观念与思想，勤俭的态度和习惯。

- 从学仁写作的关于爷爷的文章，我得知他对他叔叔的感情和感激极深。所以这本年编也是纪念大石桥爷爷。

- 堂妹　魏修征（1902—1985）

- 未婚。我们叫她"大石桥娘娘"。

- 二十世纪初，天花是造成儿童死亡的主要原因之一。当时，预防天花的方法是把天花细菌引到孩子身上，让小孩得轻一点的病，能产生一些抵抗力。不巧一颗天花发在娘娘左眼里面，瞎了这只眼睛；她一辈子只有一半视力。也许因为这个缘故，她的个性更加刚强。

· 从小受西式教育，在汇文小学与基督女中就读；后来进金陵女子学院，修英语。又懂得和《圣经》有关系的希伯来文和拉丁文字。1923 年得到学士学位。

· 1924—1925 年被选为金陵女子大学校友会副会长。[1]

· 抗日战争时，留在南京，用拉丁文和英文跟在内地的亲友通信。

· 娘娘 1948 年到纽约来看我们。当时她年纪已快半百。抗日战争时期营养不足，又缺乏牙齿卫生。她在美国的时候装了假牙。我在 1980 年第一次回南京时，跟她差不多年纪的亲友都空口缺牙，但是娘娘有她的全副牙齿，保留了她的尊严。

· 堂弟　魏学礼（1906—1965）　我们称"大叔叔"

　· 大叔叔一直没有离开父母，成家后还是跟父母同住。

　· 从小受西式教育，在汇文小学、金陵中学就读，金陵大学毕业。

· 堂弟媳　刘芹芬（1912—2008）
　我们称"大婶婶"

　· 江苏常熟碧溪县人，出生于书香名门。曾在上海一所天主教学校读书。她是天主教徒。

　· 在上面有个性强又深信新教的公婆，又有个性更强深信新教的未婚姑

大叔叔魏学礼和婶婶刘芹芬结婚照片
二十世纪三十年代
魏永康收藏

---

[1]《金陵女子大学校刊》（1924 年 12 月）。

1995 年孟达和我在南京大石桥大婶婶家
从左至右：第二排：兰长英，魏蕴敏，魏蕴朴，魏蕴和。
后排：魏蕴朴的丈夫戴立人，他们的和魏蕴和的儿子们
白彬菊拍摄，魏白蒂收藏

子，婶婶自己的天主教信仰就没有公开了。

· 因婶婶高寿，八十年代以后我几次去南京拜访她，得以和她闲谈。她在魏家做媳妇多年，服侍公婆丈夫，抚养下辈。每次见面都是满面笑容，姿态慈爱。在厨房时间多，在客厅陪亲友寒暄说闲话机会极少。从来没有听见她大声发脾气、骂人。

· 1985 年娘娘过去[1]后，快九十岁的婶婶就出面了。她不但离开厨房，坐在客厅沙发上让大家服侍，有言有语，主意特多。她的儿女和孙辈将她捧为"最高领导"。

大叔叔和大婶婶的后裔[2]

· 魏蕴宽（1935—2011）＋贾秀珍

　· 魏萍＊（1967—）＋赵建东

---

[1] 编者注：指过世。
[2] 所有资料来自魏永康。＊表示女儿。＋后面为配偶。

- 赵梦双＊（1990—）

- 魏永康（1971—）＋孙芳

  - 魏嘉琪＊（2007—）

- 魏华＊（1977—）＋赵根增

  - 赵豫陇（2003—）

- 魏蕴和（1936—2012）＋王晓敏

  - 魏强（1971—）＋王红霞

    - 魏子博（2001—）

  - 魏刚（1974—）＋苏萍

- 魏蕴朴＊（1946—）＋戴立人

  - 戴恒（1975—）＋黄佳

    - 戴雅君＊（2005—）

  - 戴霖（1977—）

- 魏蕴敏（1950—）＋兰长英

- **堂弟　魏学智〔1908—1958〕　我们称"小叔叔"**

  - 小叔叔是魏家他那一代唯一离开南京上大学的人。他也在金陵中学毕业，进入金陵大学专修英文。因为金大没有外交系，便转到在北京的燕京大学，获得英语及外交的学士学位。

  - 小叔叔在1929年出版从英文翻成中文的著作《苏联的经济组织》（上海：春潮书局，1929，共345页）。

  - 小婶婶名孙家琳（1974年卒），安徽人。出生于书香人家。

  - 小叔叔和小婶婶有三个孩子：二女（魏明明，魏荫荫），一子（魏元元），现居加拿大。

学仁和堂弟学智在纽约
二十世纪五十年代
魏家收藏

1904

- 学仁五岁

- 开始进馆读书。先背《三字经》，又读四书五经。后来因为用英语专修科学，
  提倡现代化科学教育，便没有再深入研究国文国学。不过基督教会在中
  国办理的大中学校也一直注重让学生修习国学，学仁没有完全放弃国
  学。老年退休后自己修考《易经》。[1]

- 启蒙老师是位男学者，不过第二天就换了一位女老师。当时存在偏见，
  以为女学者教的学生不会有考试得高名的福气；不过因为女学者薪水
  低，许多人家请女学者做教师。但是启蒙开课那一天是非请男先生不
  可的。

- 两年以后，学仁换了学校，也遇到了另外一位老师。这位学者的姓名

---

[1] 我收藏有学仁研究《易经》的笔记。我没有敢告诉他我看不懂。

和学问如何倒没有听人说过，不过学仁和他的同窗都记得这位老师每天打学生手心。无论哪一个学生得罪老师，或者根本没有人得罪老师，这位老师总是叫所有的学生把他们手背放在书台角上，用一把直尺打所有学生的手心。学仁说这种刑罚完全是残忍虐待又不公平。这也是他后来主张和支持"学生权"的原因之一。

颖保娘家

· 当年4月14日（农历清光绪三十年二月二十九日），颖保出生在南京下关。下关在扬子江岸上，有码头，也有火车站。

  · 原名银宝。她嫌俗，上学时就改名为颖保。

  · 颖保属龙。1979年学仁颖保金婚宴客。这也是我们最后一次听学仁演讲。他说他自己"对世界并没有特殊的贡献，一辈子就跟着属龙的夫人来来去去，飞天过海，反映她的成就和她的光荣"。

  · 学仁属狗。不过因为狗非雅属，知道的人，也从来不提。

· 下文是我在1996年写的一篇纪念颖保过世五周年的文章《我的妈妈》。原文在香港一份英文报纸上发表：

1991年12月7日，妈妈在夏威夷檀香山归仙。那天正是日本轰炸珍珠港五十周年纪念日，老布什总统在珍珠港美海军基地举行纪念典礼，交通塞堵；妹妹回家陪妈妈吃晚饭时，发现妈妈的心脏已经停止了。

我们兄弟姐妹都晓得妈妈是世界上独一无二的人品；也知道她一生生活和其他住在城市、受过新式教育的当代女性有很多相同地方。她们生于十九世纪末或二十世纪初年，二十世纪晚年离世，国家和世界的改变、现代化，影响她们的一生，是无人不知的。从妈妈的立场来看，她生下来后第一件大事是辛亥革命，中国政治和社会经过极大的改变。1911年孙中山总理领导的反清革命，当时爹爹[1]十二岁，同其他调皮的男孩子坐在城墙上面，戏弄挑着扁担入城的乡下农夫，剪他们的辫子。妈妈太小，又是天真的闺阁姑娘；对外面大事，完全不晓。不过她也算有福气，她的父亲思想开通，有远见；他了解新时代已经降临，没有让独生女儿裹脚，又送她去传教士开办的学校读书。

第一次世界大战没有影响妈妈这一代。爹爹比她大五岁，情形就不同了。虽然战场不在中国，但在中学的爹爹，已经懂得各项争端的议题。他十五岁抵抗军阀，十九岁反对帝国主义；承担中国公民爱国反日的责任，这就是我们父母一代从来不买日本产品最重要的原因。

妈妈在1925年从金女大毕业，在爹爹未出国读研究院以前两人正式订婚；1928年爹爹获得博士学位，金榜回乡后结婚。本来芝加哥大学邀请爹爹留校做研究工作，爹爹未接受，回国，替金大开办理学院，同时为国家现代化服务。当然妈妈也是他回国的重要原因。从1930年到1937年，他们的成就不少，计划要做的事业全上轨道。同时他们也生了他们想要的儿女。妈妈一直感觉自己没有近亲，希望她的儿女成人后能有许多亲人往来。八年之内，他们生了六个儿女。

抗日战争1937年7月全面爆发，1941年12月珍珠港事件发生，重庆变成世界外交中心，政府迁到重庆以后，招待许多外国人。在重庆八年，妈妈的社交范围扩大不少。与美国人常在一起，逃避轰炸，救济难民；说笑谈话，学会炸油圈和烤蛋糕，又能打桥牌，互相文化交流，增加她对西方家庭生活的认识，未想到对后来去美国生活准备帮忙不少。

---

[1] 编者注："爹爹"为南京方言，此文中指作者父亲魏学仁。

因为日机轰炸，所有中学被遣散到郊外。寄宿条件太差，妈妈就开办了一所在市区的中学"求精中学市区班"，让我们和不少其他十一二岁的孩子能得到优等教育，又同时留在家里享受父母爱的指导。

战争结束后，学仁赴纽约参加联合国原子能委员会做科学顾问、专家团员。妈妈，后来我们兄弟姐妹，也搬到美国。生活改变极大。其实如果我们留在南京的话，妈妈的生活一定会有更大的改变。

· 颖保的父亲　刘金海（1931 年卒）　我们称呼他"公公"

· 公公身材不高：约五英尺二英寸；自己女儿比他还高两英寸。不过他的智力和性格都强过他人。当时海关和海军招精灵英俊有前途观念的年轻人做受训生。两方抢公公。公公觉得他们太无礼貌，他是人，不是让别人抢来抢去的东西，所以决定留在家里，不出去替人打工。

· 公公从来没有替人打工，拿工资薪水；但是他有其他的进款。我想他在乡下有田，在南京下关有房子。我也知道他在下关有房客，收租金。

· 因为公公有一房侧室，我一直以为他不会是基督徒的。但是最近我才知道妈妈告诉慧美[1]公公的信教情形。公公生病，中药无效。后来还是一位外国传教士用西药治好的。所以公公就受洗入了基督教，又把他唯一的孩子，颖保，送到传教士办的中华女中去受新式的教育。毕业以后进当时中国唯一的女子高等学府——金陵女子大学，专修英语文学。

· 公公人很慈善。他收养了两个孤儿。他妹妹和妹夫瘟疫病亡，留下一个婴孩，他抱回家。这婴孩就是舅舅。另外，租他房子的房客的妻子病死，留下两个女儿。房客不能再留在南京，被迫回福建家乡，路上只能带一个孩子。公公就把另外一个婴儿抱回家，像对自己孩子一样抚养。

---

[1] 编者注：作者的外甥女。

这个女儿就是"下关娘娘"。

- 颖保说她小时家境很不宽裕，我想她太谦虚了。公公是地主；就算说不是大财主，至少有房有地。他从来没有打工拿薪水，但是一直有收入。这种进款能让他养一个家庭，有妻、妾、女儿，和两个收养过来的孩子，又让他每天能坐茶馆。[1]

- **颖保的母亲　王氏（1932 年卒）　我们称呼她"婆婆"**
  - 婆婆在我不到两岁就去世了，所以我对她完全没有印象。
  - 她家庭背景大概还不错。妈妈提过她的嫁妆，有珠宝首饰。慧美说妈妈曾经回忆她小时候到乡下去看她的外婆，所以婆婆娘家也是有田有地的。八国联军侵华时，公公怕土匪抢夺，将婆婆的首饰寄藏在一艘停在下关的美国兵船上。第二天清早起身，一看江边，这条美国兵船已不见了。所以颖保一辈子说她没有首饰。

- **"下关奶奶"**
  - 下关奶奶是公公的侧室；她没有生孩子，不过跟婆婆和颖保感情很深。颖保对她十分客气。她是我们全世界所有认识的人中间唯一生活完全没有西洋化或现代化的人。每次我们去看她，一定会得到平常享受不到的旧式中国糖果，在我们姊妹这里最吃香的就是无纸包的麦芽糖。

- **"下关娘娘"　刘葆芬（1906—1992）：颖保家收养的女儿**
  - 下关娘娘在鼓楼医院学护士，后来也在那里任职。她和颖保姊妹感情极深，休息时间总是来陪颖保带我们出去玩。我们游玄武湖，在荷叶中乘

---

[1] 这是颖保告诉慧美的。

船；去紫金山天文台，欣赏明朝的天文仪器；又去孙总理陵墓[1]——上世纪三十年代，那时还看得到孙总理在玻璃棺材里的遗体。有一次，我们乘了马车，去灵谷寺参观一所明朝再建的寺院，和一座二十世纪造的、按古代传统设计的宝塔。原塔在太平军占南京时被毁坏。修好以后又给二十世纪的红卫兵打倒。

- 下关娘娘和我们一起去的四川。颖保和我们南京平仓巷的邻居谢妈妈做媒，将娘娘介绍给一位鳏夫，住成都的陈尔昌先生（号蔚文，1901—1981）。他夫人病故，留下几个女儿。

· 王宝生　颖保小时家里的第三个孩子　我们称呼他"舅舅"

- 舅舅的母亲是公公的妹妹。公公在妹妹、妹夫瘟疫病亡后，将内侄[2]抱回家给婆婆抚养。
- 虽然舅舅姓王，但他答应公公和颖保，他以后生儿子，有一个姓刘。
- 孟子说："不孝有三，无后为大"。没有儿子承继香火是不孝不敬祖宗的罪孽。传统习惯是给没有儿子的人几个办法解决这一问题：讨小老婆生儿子；从有儿子的同族家里抱一个；或者，像舅舅这样，把自己一个儿子送给他的舅舅，改姓刘，不过仍是留在家里，自己抚养。[3]

---

[1] 编者注：指南京中山陵。
[2] 编者注："内侄"为家族习惯称呼，实际指外甥。
[3] 1980 年舅舅在南京告诉我，他和舅母生有四个儿子，两个姓刘。

学仁开始接受新式教育

1905

· 学仁六岁

· 该年科举制度废除，大石桥爷爷极有先见，知道下一代前途完全要靠他
  们接受新式教育。把侄儿、侄女、女儿、儿子都送到教会学校。1907
  年美国美以美会在南京离大石桥不远的干河沿办了一家汇文书院。[1]
  汇文有附小、附中，学仁就进此学校，开始的课程注重英文、数学、科学、
  圣经和西方文化。不过教会学校也没有舍弃中国语言、哲学和文学。

· 下面这些文字是我早几年用英文起稿的一篇文章中的节选。当时我预
  备研究金陵大学和金陵女子大学，即学仁和妈妈的母校；后来因为有别
  的事情要做，就只写了这一篇稿子：

当时除了北京大学和清华大学几所公家高等学府以外，在北京、上海
和南京等地的新式学校、医院及其他慈善机构，大多是基督教传教士倡办
的。

在清末正式立案的"金陵大学堂"在1930年由教育部正式命名"金陵
大学"。这家大学就是三所美国教会在南京办的高等学府合并在一起的。
这三所大学是：美以美会办的汇文书院、长老会办的益智书院和基督会办
的基督书院。教会大学以英语授课。为了培养能用英语修读的学生，又开

---

[1] 汇文书院的英文名字一直就是 The University of Nanking，后来改名为金陵大学堂。
1930年开始称金陵大学，有文学院、农学院、理学院。1949年以后与其他在南京的高等学府合
并为南京大学。

办了小中学预备班。

除了金陵女子大学之外，其他大学从开始就是男女同校。[1]

1907

·学仁八岁

·十分英俊：卷头发，双眼皮，大眼睛。

·学仁两年之内失去父亲、祖父，叔父继承了家族中的位置和所有的负担。

下面是学仁在 1935 年 2 月的一篇文章里，对他叔父所作的描述：

我的父亲、祖父在（1902，1903 年）先后去世，魏家情况就完全改变。所有的责任完全掉在叔叔肩膀上，影响了他的健康。他常常生病，对魏家丝绸织锦事业很有影响。工作越来越靠雇工。……[2]

1910

·学仁十一岁

·三家美国新教传教士开办的学府合并成为金陵大学堂，在鼓楼建筑校园。

·金陵大学堂又开办小学和中学，注重英文和数学，把学生教到可以进入美国大学的程度。

·汇文附中在 1914 年改名为金陵大学堂附属中学，简称金陵中学，更简称金中。

---

[1] 此文章没有发表。

[2] 《世界之声》1935 年 2 月，第 14—15 页。

金陵大学礼堂旧址
2020 年
朱茜拍摄
魏白蒂收藏

· 学仁读汇文附小期间，有两位外籍教师，福克森（Ferguson）和师图尔
（George A. Stuart，1859—1911）。[1] 这两位对学仁的前途影响极大。
二人都有学问，心慈好善，又说一口漂亮道地的南京话。学仁极敬佩他
们，与他们终生做朋友。

· 学仁进汇文中学时，下列外籍传教士开始教他：

· 包文（Arthur John Bowen，1873—1944），美以美会传教士。本来在汇
文中学任教。金大成立后，他是首任金大校长；

· 文怀恩（Dr. John Elias Williams，1871—1927），副校长。他以全力向
外捐募，联合各校集中财力，买了一块从鼓楼到干河沿的地盘，建造教
堂、教室楼、办公楼、教师学生宿舍，得以奠定金大永久之根基。

---

[1] 中国社会科学院近代史所翻译室编：《近代来华外国人名辞典》，北京．中国社会科学
出版社，1981 年版，第 461 页。

· 夏维斯(Guy Walter Sarvis，1879—1958)，1912年到南京。院长兼教务长，
又兼社会学与经济学教授。1928年学仁从芝加哥回金大以前，金大课
程和学分系统一开始都是他编的。学校和学生的水平和质量管理，也是
他负责的。

· 学仁在金大同时期的同学，朱恕，写了一篇文章《月明星稀忆母校》，
说跟在旧式私塾花的时间来比，教会学校的功课并不太多，又不难。这
也可能解释了学仁为何在金中读书时能找出时间走到男青年会，开英语
数学班替学生补课。

（旧式）小学规矩很严格，但不用戒尺。不用功的学生亦用布道方式
劝诫。我所记得的当年的中国籍老师有王佐周老师、顾延平老师和田老师。
田老师一口江都话，风度甚佳。教国文采用商务版古文选，引经据典，讲
授透彻。因为课本不长，讲完之后，大半学生均能背诵。余最敬重田老师。

郭师母教英语每字读音拼音都很认真。当时没有 DJ 音标、KK 音标、
IPA 音标。老师们怎样读，学生亦跟着念。[1]

[1] 朱恕：《月明星稀忆母校》，载《金陵大学建校百周年纪念特刊》，台北．金陵大学校
友会台北分会，1988年版，第426页。所说的郭师母是郭丽芬牧师（The Rev. A. V. Grey）的夫人。

1911 — 1928

第 二 章

学生年代

在学仁做学生十几年的时期，中国政治情况和社会风气都十分混乱。完全没有孙中山总理理想方面的"天下太平""天下为公"之说。孙总理领导的辛亥革命虽然推倒清朝和两千多年的君主制度，但并未建立以"三民主义"为基础的共和民国。袁世凯专政。1916 年袁死后又有军阀内乱。各地百姓受苦，学生上课不安。总理 1925 年在北京故逝；留下来的国民党内部互相争权；1927 年国民政府在南京成立，时局才平定下来。学仁上的是外国人办的教会学校，所以生活还算比较稳定，不过也没有完全免受政治变动的影响。学仁终生爱国反日的心情与态度，就是在这一段时期开始的。在高中和大学时期，他为学生领导，同时功课成绩优好；毕业后得美国洛氏奖金，去芝加哥大学深造，是最早获得原子能学物理博士学位的中国人之一。

1911

· 学仁十二岁

· 他在特别情形下剪头发！

  · 当年 10 月 10 日武汉起义，12 月 2 日长江下游的苏浙革命军大败清军，进入南京。[1] 辛亥运动虽名革命，推翻君主制度，其实也是一个反清运动。当时全国十八省，其中十六省已经宣布脱离清政府统治。清朝的统治者是满族，清立朝三百多年（1644—1911），

---

[1] 详情请看魏白蒂：《从双十起义（1911）到孙逸仙就职南京（1912）》，载《神州交流》2011 年 10 月，第 9—17 页。（原文为英文）

汉人以为最丢脸的象征之一就是男人的辫子——清廷逼着汉人取用满人的理发风格。满人的理发风格是把头顶前面的头发完全剃掉，其余头发结成辫子，挂在后面。汉人相信头发是胎内带来，是父母血肉，一辈子不能剪的。辫子是汉人的羞耻，尤其是因为欧美来的外国人叫他们的辫子"猪尾巴"。总而言之，当时最明显的反清革命象征，就是替汉族男人"剪辫子运动"。

- 如此，从一个男人的头发形式——有没有辫子，就可以看得出来他是不是革命党。

- 学仁的妈妈，跟当时许多母亲想法一样，替儿子用外面的头发打一条辫子，放在头顶上，替他戴上一顶帽子，遮住辫子；再把下面的头发剪去。这样一来，驻南京的革命党军队就只看见一个赞助革命的青年。如果清军再入城的话，小男孩儿可以把帽子脱下，辫子还在，那么站在前面的就是一个大清朝的老百姓了！

已重修好的明代南京城墙
1911年革命军入城后，调皮的男孩子从城墙上面跑到下面替挑篮子或推车子的农夫剪辫子，再跑到别处城墙上面，这不是农夫容易捉到的地方。
1993年
魏白蒂拍摄收藏

- 当年，金陵大学堂经美国纽约州及纽约大学认可，各科毕业生都有资格接受纽约大学发给毕业生的学士学位文凭，[1]表示美国承认金陵大学堂为国际合格的高等学府。
- 当时学校的设备不齐。不过首任校长包文有他的主意。
- 在 1944 年包文校长逝世，教育部替他写的碑传上面说得十分清楚，政府和中国教育界深知包文校长如何开始促进中国教育的现代化：

大学初创，课室宿舍仪器图书简陋缺乏不可用，制度规章皆无有，教授少不能备课程，而经济窘困，人或以为忧，先生笑曰，吾已有成算矣，即派员携其手订之方案，归国赴托事部，以募捐、增教授二事为请，而先成立文理科，开设必修班，继而有华东医科大学之合并，遂设医科，期年之间，制定校宪，立案于纽约州之大学区。又置基地成立预算，民国肇造之岁，我政府以教授裴义理主持华洋义赈有功，赠地千陆百亩，乃设农科。[2]

1914

- 学仁十五岁
- 2013 年金陵中学庆祝立校 125 周年纪念，出版《钟楼记忆：文化，校园，人物》。
  - 卓越校友名单上有学仁，他芝加哥的同学、著名社会学家吴景超教授，和学仁终生合作的同学杭立武博士。还有未曾想到在公元

---

[1]《金陵光》1912 年 4 月第 1 期。载南京大学高教研究所校史编写组：《金陵大学史料集》，南京. 南京大学出版社，1989 年版，第 15 页。
[2]同上。

2000 年获诺贝尔文学奖的高行健（1940 年生，比学仁他们一辈晚四十多年。）。

· 我们魏家在金中读书的有：学仁；他的堂弟学礼，学智；学礼的三个儿子蕴宽、蕴和、蕴敏，一个女儿蕴朴，和两个孙子魏强、魏刚；学仁的儿子白英（只有 1945—1947 两年）。一共十人。

· 其外，修征娘娘抗日战争以后曾在金中教过英文。

· 学仁入美以美会开办的汇文附中，当年改名金陵大学堂附中。

　　· 就是在这个时候，学仁十五岁，大石桥奶奶发言主张送他到邮政局去学习做徒弟。学好可以做邮差，赚钱养他妈妈和姐姐。爷爷完全不赞成。爷爷心慈博爱，送他哥哥的孤儿女和自己的儿女到教会学校去接受新式教育，使他们有比较广阔的前途，同时也可以为社会服务。

· 金中当时采取四年制度，每年三学期。九月初开学，七月放暑假。全校有三百多学生，一半住宿。住宿学生大多是韩国或东南亚来的华侨。除了家住得远的人，本地学生很少在学校住宿。上课到下午四点。四点以后，学生大多在图书馆看书和用功；外来的华侨学生喜欢打球。下面一段是朱恕记的：

　　金中当年被公认为第一流中学。全校大约三百余学生，一大半住校。课业并不感觉沉重。四点以后足球，篮球，网球，……有许多韩国来的学生与华侨。另一部分学生在图书馆阅读和用功。[1]

· 学仁记得他在中学最喜欢的课程是数学和英文。

· 那时教会学校的教师多数是年轻的美国传教士，大学毕业就来中国。
  其中也有获得专业研究院硕士或博士学位的；有年轻才结婚的夫妇，也
  有未结婚的女传教士，单身男人很少。传教士们来华最重要的目的是引
  中国人进入基督教，所以老师们除了教他们本课以外，还要传教。

· 学仁在金中的英文老师 Grace Taylor 女士，影响他极深。学仁 1935 年
  的一篇文章上面说，上课时间这位老师教他基本英语知识，课外谈话的
  时侯这位老师向他介绍基督教，使他开始了对基督教的信仰。

1915

· 学仁十六岁
· 学仁开始在南京青年会开的课外班替人补习数学和英语。收入补贴家用。
  · 学仁喜欢教学生。在家中，他是最有名的抓儿孙替他们补习功课
    的公公，尤其是在教室以外替他们增加数学知识。
  · 我在大学时，学仁说用不着浪费一学期的学分读微积分，他在暑
    假一个星期就可以"完工"，担保我对微积分有完全把握。
  · 我的小女道仁说她记得公公教给她好多数学的"把戏"，所以她
    数学分数一直很高。长女道美说，一定是她跑得太快，公公抓不到

---

[1] 朱恕：《月明星稀忆母校》，载《金陵大学建校百周年纪念特刊》，台北．金陵大学校
友会台北分会，1988 年版，第 425—434 页。

她，所以她的数学分数只是平常而已。

· 学仁母亲过世。
· 学仁和姐姐仍留居大石桥，与叔叔婶婶及堂弟妹同住。这位叔叔对他影响极大；学仁一辈子对他叔叔感谢极深。他说：

父亲过去以后，守寡的妈妈带着我们姊弟二人，完全依靠叔叔。那时谋生并不容易；其实最简单解决我们生活问题（的办法）就是让我当织锦徒弟，让姐姐学习纺纱手工艺。我们母亲开始也不赞成我们去外国人开办的学校读书。我们上学以后，她还是想要我们退学。幸好她有一位信基督的女朋友将她说服，姐姐和我才能继续在汇文接受现代式的教育。姐姐和我能运用这个好机会，妈妈和叔叔实在牺牲不少。好多次有人劝叔叔停止供姐姐和我上学，省点钱；叔叔不肯。妈妈每晚点灯通宵做手艺，得一点进款让我们读书。可惜我中学还未毕业，妈妈就归仙了。

上大学以后，我可以自工自读，不需要叔叔再那么辛苦了。……如今（1935），我们五个人——姐姐，我，一个堂妹妹，和两个堂弟弟，都是教会大学毕业生。[1]

学仁会见颖保

· 堂妹修征在基督女中（后更名为中华女子中学）就读。我想因为她家住得不远，大概是走读。有一天她请了一批住读的同学回家来玩。同学中包括家住在下关的刘颖保（后来就是我们的妈妈）。

---

[1]《世界之声》，1935年2月。

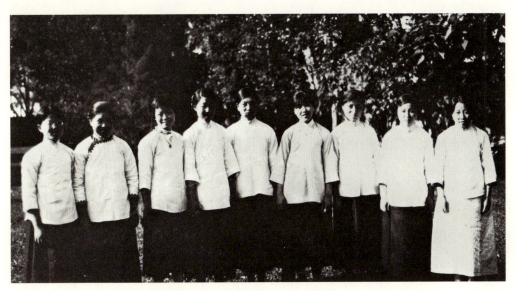

在南京基督女中就学的颖保（左四）
大概就是在这段时间学仁第一次见到颖保
1921 年中学毕业照片
魏白蒂收藏

· 下面的故事是学仁说给我们听的。

· 一天下午，学仁回家时间比平时稍微早一点。十五六岁的男孩子并不介意发现有一群姑娘在院子里面大喊大叫。原因是什么呢？她们在一朵牡丹花上发现一只毛虫，吓得一个叫得比另一个更响，像发疯一样。学仁冷眼旁观，看见只有一位漂亮小姐一声不响，走到花盆旁边，用手指抓到毛虫，静静稳稳地走到门口，将毛虫扔到阴沟里。

· 这就是学仁第一次会见颖保。颖保在城外下关长大，又常常去仪征乡下看外婆，对野生昆虫是不怕的。颖保有魅力，又有风味，是他不能也不会忘记的美女。

包文建校

· 该年，在包文校长领导之下，金陵大学堂在鼓楼购地建校。那时学校是采用五年制度：两年预科班，三年本科。

· 附中成绩够标准的学生可以直接升入金大本科。包文对所有学生都很关心。学仁在这一段时间也进入包文的保护网里面。

· 金陵大学堂在南京建校，也是学仁不需要离家去北京上大学的原因。

· 当时国家局势变动，越来越差。日本帝国逼袁世凯签"二十一条"，将中国外交政策权交给日本。学生不服，开始反军阀、抗日本的爱国运动。

1916

· 学仁十七岁

· 学仁开始参加学生爱国运动，不过他一辈子没有加入任何政治会党。

· 不知那时为什么缘故，一天突然军阀宪兵抓住学仁，要把他带到刑场上去枪毙。刚好遇见包文校长。包文用他有美国口音不过还是道地的南京土话质问宪兵："你们要把魏某人带到哪里去？他是个好人。我现在要他跟我来做一样事。"这一下子，这位懂得何时可以用自己的地位摆架子的洋人，把学仁的性命救了下来。

· 包文校长碑传上记有："军阀痛恶学生，是列名指案；以包氏护持，卒不得加害。"可见学仁不是包文校长唯一救下来的爱国青年。

学仁入金陵大学堂

1918

- 学仁十九岁

- 从现存的当时照片我们得以知道他那时的外表；他进金陵大学时已成为一位很英俊的青年。身穿中式长袍，脚踏皮鞋。从他同学的回忆文章中得知他开口声音响亮：一口流利的英语和道地的南京土话，发言内容有条有理，是没有人不佩服的。[1]

- 学仁在金大读文理学院本科。本科学生必修读科学，其中有科学系，包括物理、化学和生物各课程。他的分数当然极高，他的英文和数学分数也无人能比。

- 学仁后来组织成立理学院，有独立的物理系。

  - 他毕业获得学士学位时，成绩全班第一名。

- 除了学校的礼拜，学仁每星期天到鼓楼教堂做主日礼拜。1921年开始颖保在金陵女大读本科（1921—1925），也在鼓楼教堂崇拜。所以二人友谊和感情越发加深。

1919—1922

- 学仁二十岁至二十二岁

---

[1] 李适生：《一位成功的科学家——魏学仁院长》，载《金陵大学》，台北.金陵大学校友会台北分会，1982年版，第303—306页。

- Charles T. Paul（1869—1949），基督会传教士，第一次世界大战后派
  在南京工作。他形容当时的南京：

我们外国人跟中国人一样，会感觉到，又能欣赏南京历史性的神秘。
虽然今天南京好像已经是极破烂的一个地方，但是二十五英里长的城墙还
在保护着它古代繁华和光丽的神秘精神。住在南京的人，眼睛只看见现在
到处满地破破烂烂的断壁残垣，可是脑袋里的幻想还是以为古代繁华马上
就要恢复，就像一句圣诗说的："时间过去久了，不顺的事情完全忘记；
只以为过去的日子完全都是美满的。"[1]

- 在校园里面的学生根本完全不懂这个外国人胡说些什么。学生们一心
  一意地在教室里面学习："德""智""体"训练完全都有。下课以后
  做体操和消遣，对校园外面的简陋情形毫无兴趣。
- 除了和中华文学历史文化有关系的功课之外，其余完全用英文上课；
  课外活动也是如此。金大的国学研究也一直很出名，尤其是红学（研究
  清朝的小说《红楼梦》）。
- 当时学生还没有"必修国语"（学说普通话），所以除了在北方读过
  书的人以外，学仁那一代中国人只说自己的家乡土话。

- 体操有西式的团队运动：篮球，足球，棒球和排球；也有个人打的网球，
  和田径运动。传统中国文化运动有踢的毽子和抖的响翁。
- 游泳那时在保守的南京还没有被正式放在大学课程里面。
- 课外活动也包括演艺，其中最多学生参加的是西方古典音乐尤其是声

---

[1] Charles T. Paul, *Disciples of Christ Missions—China*, Indianapolis: Published for the Boards by the College of Missions,1919, p.58. 香港大学图书馆收藏，芝加哥大学缩微胶卷。

乐活动。比较轻松一点的音乐也很受学生及学校、社会欢迎。Gardener Tewksbury，后来和 Henry C. Fenn 共同创建耶鲁拼音系统的学者，曾在金大多年。他是一位金大有名的音乐家，会弹会唱古典西洋音乐和美国民间歌谣。

学仁与英语辩论

· 从学仁的观点看来，最重要的课外活动是英语辩论。

· 学仁在金大的英文老师是美国传教士马克斯教授（Edwin Marx）。马教授也是学仁英语辩论指导。学仁十分尊敬佩服马教授，马教授也极佩服这位学生。在 1935 年 2 月《世界之声》杂志上，有马教授颂赞他得意门生的一篇文章《魏学仁博士》：

在他读完金大本科时，魏学仁的成绩极佳。我想抓他到英文系来教书，但是我还未开口，同事们已经叫我不要妄想。学校另外两系：数学和物理，已经问校长要他。他们的原因是什么呢？也是跟我的一样。学仁也是他们两系最了不起的学生。这个人的长处就是他真是万能。随便他决定做什么事，他总是完全做得十全十美的。他是中国东南各大学英语辩论赛冠军，基督社会的领导。从 1919 到 1921 国家紧急时期，他加入爱国学生运动，为领导人之一。他在本科最后一年代表南京去北京参加"世界基督学生联合会"会议。[1]

· 在马克斯教授的指导下，学仁带领的金陵大学英语辩论队 1919、

---

[1] Edwin Marx, "Dr. Wei Hsioh Ren", *World Call* (February, 1935), p14.

1920、1921 连着三年获得华东各大学组织的英语辩论赛冠军。

·参加辩论的大学就是中国东南部几所教会大学：南京的金陵大学，上海的圣约翰大学、沪江大学，苏州的东吴大学和杭州的之江大学。

·这些学校的学生用英语学习，有用英语辩论的才力；地方有懂英语的听众。当地的报纸读者对这些辩论也极有兴趣。上海的一份中文报纸《申报》驻南京的记者在报告中说，1920 年 12 月 16 日晚上，金大和圣约翰大学在南京辩论，听众达三千余人：

　　记者从南京报告：上海圣约翰与南京金陵大学在 1920 年 12 月 16 日晚上八时英语辩论比赛。地点在金大的新礼堂，题目是"是否应即召集国民大会制定宪法"。因为今日所亟紧要之问题。故全城各学校中西人士到会者不下三千余人。约翰主正面，金大主反面。全胜于反面。[1]

·学仁 1922 年毕业以后，金大英语辩论队连得亚军三次，没有再得过冠军。

1922 年春季金陵大学英语辩论队
后排：杭立武（左），魏学仁（右）
南京大学档案网
（网上说此照片是 1922 年拍的，因为照片上面的"1923 年秋季"是写错了。）

---

[1] 我知道金大没有能坐这么多人的礼堂。不过记者连学仁和杭立武的名字都写错，可能他太过热情了，或者不太负责任，夸张事实。

·几十年以后，还有人记得这些辩论。

·还有其他关于这几年辩论赛的数据和回忆。[1]那时说英语的中国人大半都有很重的乡音。辩论时的考官可以因此扣分。学仁和其他金大队员英语都说得很漂亮，发音极准。更加他们口才好、知识深，又谈吐有劲，所以每次都得头奖。这些辩论是名遍全国的。[2]

·洪润庠、王子定两位校友在1982年一篇回忆文章《轶事趣闻：清末民初之毕业生及其学校生活》上面说此辩论队：

由马克斯教授悉心指导，马氏为美国有名之辩论家。选手如魏学仁，杭立武，等。学术渊博，口若悬河。每次临阵，马到功成。竟执多次大学英语辩论比赛之牛耳。[3]

爱国运动与学生自治

·金陵大学学生自治会在1915年成立，目标为培养学生的自治能力。[4]

  ·以避免给一个人责任太多、权力太大，学生自治会没有会长。

  ·责任和权力放在两个小组手上：议事部和执行部。

  ·两部成员均由学生投票选择。

---

［1］洪润庠，王子定：《轶事趣闻：清末民初之毕业生及其学校生活》，载《金陵大学》，台北．金陵大学校友会台北分会，1982年版，第419—426页；王齐兴：《参加华东校际英语辩论比赛获胜回忆》，载《金陵大学建校百周年纪念特刊》，台北．金陵大学校友会台北分会，1988年版，第318—319页。

［2］王齐兴：《参加华东校际英语辩论比赛获胜回忆》，载《金陵大学建校百周年纪念特刊》，台北．金陵大学校友会台北分会，1988年版，第318页。

［3］同前注［1］洪润庠，王子定文，第423—424页。

［4］《金陵大学史料集》，1989年版，第274—277页。1947年学生自治会章程。

· 学生会秘书长和司库二人为小组成员。

· 1919 年学潮达到最高时，学仁是金大学生会司库。

　· 学仁年仅十五岁时，就已经知道民主国家加入战争的目的和原因；
　　在 1919 年他对《凡尔赛条约》中将中国的土地割给日本极为愤慨。

　· 北京大学学生开始组织反军阀、抗日本的运动。各地大学学生响应，
　　抗日运动遍及全中国。

　· 南京学生组织南京学生会，学仁被选为司库。

　· 他在 1957 年告诉我：每人出会费一元："我们那时完全靠信任。
　　那么多现款，从来没有人拿去为自己私用。"

　· "我们同学到南京每一家卖日本货的商店，把他们所有的日本东
　　西完全没收，丢入大篝火烧去。当时以为自己爱国心强，现在想起
　　来倒蛮作孽的。"

· 无论是受过教育的上层社会人士，或者是文盲的百姓，当时中国人大
　都缺少普通常识。这也是学仁主张用电影来教育大众的主要原因。

1922

· 学仁二十三岁

· 学仁获得金大学士学位，成绩位列全班第一名。

· 被选入斐陶斐荣誉学会，得全国第一个该会颁发的金钥匙奖。

· 这所名誉学会 1921 年在中国成立，1964 年在美国复会。斐陶斐荣誉学
　会是一所形式不大的学术性机构。完全没有政治性，和美国的 Phi Beta

金陵大学1922届毕业班（其实这张照片只是左半张）

学仁立在后排右一

前排穿白色西装者：包文校长

魏学仁档案收藏

Kappa学会[1]相同。其主要目的是让成绩最优秀的学者能互相沟通，交换信息。

· 斐陶斐荣誉学会在美国现在还有分会。因为1949年以后就没有选新会员，再过一些时间，此会就只存在于历史上了。[2]

· 毕业后学仁留金大任物理系助教。

---

[1] 编者注：指全美大学优等生荣誉协会。

[2] 我在网上找到此会的美国分会会长。从香港打电话到美国访问他。这位仁兄对我所说的、所问的，丝毫没有兴趣。我也不客气地将电话挂起来了。

1923

· 学仁二十四岁

· 他升级为物理系讲师。

金陵女子大学

· 一篇未署作者姓名、刊发在 1935 年 3 月《世界之声》上面的文章形容
金陵女子大学是美国八所教会在南京合办的一座专收女生的高等学府。
所有建筑和其他一切组织、课程等，完全符合现代教育标准。

· 1911 年一批传教士在上海开了一场讨论在中国开建高等女子学府的会
议。这是因为美国各传道会的董事会提出：当时的中国是否需要这种组
织？[1] 其实当时各教会已经开始在中国开办高等学府，这些大学大半
都收女学生的。当时美国已开办了几所十分成功的女子大学，各基督教
会传道会的董事会希望能在中国也创办一所专为女学生的大学。上海
的会议决定邀请在长沙雅礼书院任教的德本康夫人（Matilda S. Calder
Thurston，1875—1958）为此女子大学首任校长。

· 校园就是用李鸿章（1823—1901）在 1865 年任两江总督（安徽、江苏）
驻南京时的花园。

· 金女大第一届开始有十一名学生，四年后其中八位毕业。[2] 1916 年金

---

[1] 当时在上海已有基督教新教传教士办的女生学校。在上海有中西女中。创办人和首任校
长是 Laura Askew Haywood 女士（1845—1900）。校园在江苏路；二十世纪三十年代的建筑在今
天还存在，还是女中，不过学校名字已改为上海第三女中。

[2] 其中有中国第一任女子大学校长吴贻芳博士（1893—1985），和汤硕彦（1894—1999）
即后来金大农学院院长夫人，我们曾做邻居，是到今天一共五代世交的朋友。

女大和美国麻省的斯密士女子大学（Smith College）结为姐妹学校，至今关系仍旧存在。[1]从立校到1949年，教课完全用英文。有必修课程，也有专修课程。必修课程中有中英语言、中英文学、自然科学、社会科学和体育。除了学术性的课程和研究自修以外，学生还要到校外去实习，如学经济的学生必须到银行实习。

· 1925年，金女大搬进自己建筑在离金大不远的校园。[2]两年以后，1927年，国民政府在南京立都，教育部整理各等学校；规定所有学府都用中国人做校长。刚巧金女大首届毕业生吴贻芳（1893—1985）当时在密歇根大学获得博士学位，得到消息，马上乘船回国，任女大校长。

学仁与颖保

· 1923年，学仁也在金陵女大物理系兼职。

颖保（右一）领队欢迎新同学到金女大的校园
1923年
孙建秋提供

[1]至今，2017年正月，Smith College和金女大的后身，还是保持"姐妹校"的关系。
[2]孙建秋：《金陵女大（1915—1951）：金陵女儿图片故事》，桂林．广西师范大学出版社，2010年版。

· 在他班上有一位漂亮精明的女学生，名字叫刘颖保。

· 颖保在中华女中的时候曾在她同学魏修征大石桥家花园里面见过修征的堂兄学仁。两人上课同在一间教室里面，又是鼓楼礼拜堂教友，每星期见面几次，感情就更加深。

1924

· 学仁二十五岁

· 他继续留在母校做物理系讲师，又在金女大和私立中央大学兼职。

1925

· 学仁二十六岁

· 颖保得金陵女子大学学士学位，专修英语文学。

金陵女子大学 1925 届毕业班
颖保（前排左一）
孙建秋收藏

· 二人订婚。颖保不要戒指，学仁送了她一只手表。

· 颖保去安徽芜湖一家教会学校教书。详情我们一点都不知道，不过这是她一辈子唯一拿薪水的工作。其实我们不知道她是不是拿薪水的；也不知道如果她真正拿薪水，是否交给外公替她保管。

· 学仁获得美国洛氏基金会奖学金（Rockefeller Scholarship），到芝加哥大学研究物理光学。芝加哥大学教授们发现他的学术水平已经够硕士标准，不需要浪费时间读硕士学位，可以直接攻读博士学位，研究分析氦气原子。[1]

学仁在芝加哥大学与物理系师生合照
学仁（四排右一）
1926 年
周培源教授收藏[2]

1926

· 学仁二十七岁

[1]同时有另外两位同时在美国的中国人同学（一人在芝加哥，一人本来也在芝加哥，后转到加州一家大学），不过他们研究爱因斯坦光子理论；学仁的博士论文是直接研究氦气原子，他也研究光学和数学。

[2]周培源（1902—1993），清华大学毕业，芝加哥大学物理硕士。不过他的博士学位是在加州理工学院读的。这张照片出自《周培源》，北京．中国技术出版社，2002年版，第26页。

- 那时芝加哥大学物理（包括天文、数学）科学研究特别出名。招进不少国际学生。从上列照片中可以看见好几位亚洲人。其中也有一名日本研究生，专修天文。1936 年学仁在日本观察日全食时与他又见面。
- 他在芝加哥大学从学，因为当时在此大学有两位有名声、先后得到诺贝尔物理学奖的教授。他们觉得学仁了不起，请他做他们的研究助理。
  - 迈克尔逊（Albert A. Michelson，1852—1931），实验物理学家，在 1907 年得诺贝尔物理学奖：他以精密测量光的速度和以空前的精确度进行以太漂移实验而闻名于世。他发明的以他的名字命名的仪器至今还有广泛应用。[1]
  - 康普顿（Arthur H. Compton，1882—1962），在 1927 年得诺贝尔物理学奖：1922 年，他采用单个光子和自由电子的简单碰撞理论，对康普顿效应做出了满意的理论解释。[2]
  - 吴有训（1897—1977），学仁在芝加哥时的同舍，比他早两年到芝加哥，是研究爱因斯坦光子理论的。

- 学仁论文写完，康普顿教授邀请学仁留在芝加哥继续研究原子能，可是学仁已经答应金大他要回去创办理学院，同时也为祖国现代化出力。
- 还有一个重要的理由：他有未婚妻在南京等他。

- 学仁在芝加哥时期认识了一批朋友。没有想到学仁在芝加哥做研究工作以外的生活情形，所有都是以前学仁的一位芝加哥同舍的儿子后来告诉我的。

---

[1] https://www.nobelprize.org/prizes/physics/1907/michelson/biographical/
[2] https://www.nobelprize.org/prizes/physics/1927/compton/biographical/

· 幸好我在香港会见了这位同舍的两个儿子。

· 这位同舍就是杨武之，数学博士。回国后在清华大学任教。杨博士未去
  芝加哥以前已经成家，生了儿子，将妻儿留在家乡，一个人在美国深造。

· 他的长子杨振宁，1922 年生。上世纪八十年代我在香港与他见面。

· 1945 年第二次世界大战结束，中国胜利，杨振宁刚好大学毕业，
  要到美国研究院深造。当时他处处找一位名声鼎鼎与原子弹有关系
  的费米（Enrico Fermi）教授，希望能跟他学习，研究原子能。正巧，
  发现费米就在他父亲以前读博士学位的芝加哥大学。

· 杨振宁是第一位得到诺贝尔物理学奖的中国人。那时学仁正巧在
  纽约，为他请酒庆贺。我有这张照片。

这张 1957 年的照片是在纽约一家餐厅拍的。
学仁做主，特为庆祝两位中国科学家（右二，右三）获得诺贝尔物理学奖
魏学仁收藏

- 杨振宁是第一个告诉我他的父亲和学仁的关系的人。

- 我在香港有一位也是芝加哥大学校友的朋友。她知道我父亲也是芝加哥大学的校友。有一天诺贝尔物理学奖获得者杨振宁在芝加哥大学同学会演讲，这位朋友请我去听。她介绍杨教授给我时，我就把照片给杨教授。"你哪里得到这张照片？"我就把我的食指放在照片中学仁脸上，说："这是我父亲，那时在联合国，住在纽约。你得诺贝尔奖，他请你吃饭……"。杨振宁就插嘴告诉我我们父亲之间的关系。

- 不久以后，我又遇见比他小十岁的弟弟杨振汉，和他的夫人谭芙芸女士。

- 学仁在芝加哥的生活情形大多是杨振汉说给我听的。他们父亲回国一定常常讲他在芝加哥的生活情形。

- 其他同舍的姓名，也是杨振汉说的。

- 学仁、杨武之、吴景超和吴有训四人租了一栋小房子同住，共同负担房租，也共同处理家务事，如买菜、烧饭、刷锅洗碗、清理厨房洗澡间、整理客厅、打扫房子外面如推草坪和扫门前雪，等等。他们原来计划是每人每星期轮流替换工作一次。但是不久发现其中一位同学烧饭时把厨房弄得没有人情愿收拾。所以改变计划，烧饭的人就自己洗碗、清理厨房。别的情形杨振汉记不得，我也就不知道了。

- 吴景超（1901—1968），金陵中学毕业，专修社会科学。回国以后曾在南京待了一段时期，后来去清华大学；和燕京大学的费孝通教授（1910—2005）同为中国研究现代社会科学的先锋。

  - 好像吴景超也是人民大学创始人之一。

  - 他在芝加哥写的关于美国唐人街的博士论文在 1991 年翻译成中文

出版。[1]

· 这一年学仁有了一个神秘的经历：有一个"鬼"跟着他！

· 芝加哥的冬天是人人知道的冰柜：寒风，大雪；满路都是冰，开车走路
都要当心。有一天，天气比平常还要冷，风也大。学仁在实验室做实验
做得很晚，回家时已经半夜三更。路上没有其他行人，黑黢黢的，使人
打寒噤。他听见"忽稀忽稀"的声音贴靠在他背后。他回头看看，没有人。
"噢，这一定是鬼。我看不见人。就是有人，也不会靠得我这么近的。"
学仁走一步，"忽稀忽稀"的声音就跟他走一步；他停下来，声音也就
没有了。他走了一段路，决定停下来跟这个鬼辩论一下。转头看不见任
何人；低头一看，其实是一张报纸，粘在他鞋子下面。学仁将报纸拉下，
剩余一段路走着就安安静静的了。

1927

· 学仁二十八岁

· 这年从学仁观点来看，最重要一件大事就是有声电影的发明。学仁看
了《爵士乐歌者》（The Jazz Singer）这部电影，有影像，又有声音，
学仁十分激动。他知道如何解决在他看来中国第一棘手的问题了。有声
电影可以将常识介绍给文盲的中国老百姓！

· 次年，位于纽约州北部罗彻斯特市（Rochester）的柯达公司开始制作
教育电影。国际教育电影协会也在罗马成立。

---

[1]吴景超：《唐人街：共生与同化》，天津．天津人民出版社，1991年版。另有文章在《第
四种国家的出路：吴景超文集》，北京．商务印书馆，2008年版。

《爵士乐歌者》（The Jazz Singer）剧照（1927 年）

· 学仁一辈子保持与柯达公司和洛氏基金会密切的关系。他在金大制作的二百多部教育科学电影，大半有教育部津贴，不过这两家美国机构也给了他很多支持。

1928

· 学仁二十九岁
· 他获得芝加哥大学物理学博士学位。
· 他的论文题目是《氦光谱 D3 谱线精密结构分析》。
· 当时即在《天体物理学杂志》发表，可见此题目和研究结果的重要性。[1]
· 我第一次会见 2009 年诺贝尔物理学奖获得者香港中文大学高锟校长时，他问我是不是魏学仁的女儿。高校长说学仁的博士论文对后来研究特有影响的。

· 当年秋天学仁回南京，任金大教务长兼科学系教授主任。

----

[1] 编者注：此篇论文请详见：H. R. Wei（魏学仁）："An Analysis of the Fine Structure of the D3-LINE of Helium"，*Astrophysical Journal*，vol.68，pp.246—256。

1929　1935

第三章

成家；立业；
金陵大学理学院；科学教育与教育电影

　　这几年是学仁学术和事业创造最顺利和效率最高的一段时间。手持芝加哥大学的物理学博士学位，1928 年回国。当时他的论文《氦光谱 D3 谱线精密结构分析》已经在美国科学杂志上面发表。就是不说"衣锦还乡"，也算是"马到功成"。两三年之内，从个人生活来看，家庭生活圆满。他和颖保结婚得到终生伴侣，颖保也能用中英文对外交际，又是贤内助，生养儿女。从事业方面来说，他参与创办理学院，让母校能取得"大学"——高等学府——的名声。他将教育电影引进中国，组织成立国际教育电影协会中国分会。在理学院开办电化教育，与孙明经拍摄二百多部教学教育电影。在课室内，将科学知识补充进教课资料放映给大中学生，让他们能更深地了解他们所读的资料；在学校以外，用电影为工具将常识带给文盲的百姓。

1929

· 学仁三十岁

· 国民政府 1927 年在南京立都。教育部整理学校制度，宣布规则：高等学府有三所以上学院的才能正式称为"大学"。1930 年以前，金陵大学堂有两所正式的学院：文学院和农学院。所以金大校方就在等学仁得到博士学位，回国来组织建立理学院，让金大能正式成为"金陵大学"。

· 阳历 8 月 1 日学仁和颖保在南京鼓楼教堂举行结婚典礼。

· 婚礼是西式基督教典礼，由牧师证婚。但新娘礼服是中西合璧。

- 当时拍的照片，我看见过，也记得很清楚。只是学仁去世后我找不到这几张照片；问了颖保，才知道1937年她带我们去仪征乡下躲避南京轰炸时，把结婚照片也带了去。后来逃难到重庆，匆匆忙忙离开仪征，就把照片丢下了。我一定就是在仪征看到这些照片的。那时我已快七岁，所以记得还算清楚。
- 中国传统颜色是"喜事红，丧事白"。颖保是新式女性，当然不肯穿中国传统的服从妻子象征的大红裙子。但是她也没有那么新派，穿白色的洋新娘礼服。所以她就穿了一件"妥协"式礼服，一件当时时新的短短的粉红色绣花旗袍。
- 新郎穿长袍马褂。

- 学仁和颖保结婚后，住在学校分配给的楼房里，在那里立家。其实我们只住半座楼房。这座房子在校园外面：平仓巷十一号。[1] 从新婚夫妇观点来看，这座房子算很宽裕的。
- 我记得我们半座房子的一楼有客厅、饭厅和一间小客房；后面有做家事的工作房间。二楼有四间睡房，学仁颖保用一间做他们的书房；三楼好像也有睡房，不过我们没有用这一层楼。
  - 只有一间卫生室。有自来水和卫生设备，不过热水好像还是要从厨房送上来的。
  - 战前也没有电话；每次学仁要告诉颖保什么事，就派一个理学院的工人来送口信。
- 有地下室，但从来不许我们下地下室，因为大人说有蛇。其实也真的有蛇。

---

[1] 孙建秋告诉我，这座房子的地址现在改成平仓巷5号，离南京大学—霍普金斯中美文化研究中心不到50步。

一条无毒的蛇每年在地下室蜕皮。我不记得看见这条蛇，不过记得看见过蛇皮。

· 厨房和工人住房在后院子里面。

· 金大的会计谢湘先生，和夫人以及他们的四个儿子，一家六口，住在平仓巷十一号另外一半。两家邻居多年，孩子年纪又差不多，谢夫人和颖保是一辈子的朋友。

· 右面的邻居是农学院院长谢家声教授。谢夫人汤硕彦是金女大首届毕业生。

· 1949年以后谢家声教授全家侨居美国，住新泽西州普林斯顿附近一个农场上，离我和孟达[1]的小家庭住的地方不远，所以我们经常见面。

· 到现在，八十年以后，我们在香港仍旧和他们的第二、三、四、五代来往。的确是世交！

书房和饭厅

· 现在我回忆小时候在平仓巷的生活，这两间房给我的印象最深。

· 学仁和颖保的书房在他们的睡房旁边。

· 书房里摆了一张双人用的书桌。学仁很少有时间待在家里的书房，不过颖保每天都在这张书桌上写日记和记账。

· 靠墙有一座由地板到天花板、其大无比的书架，摆满了书。其中有一

---

[1] 编者注：作者丈夫。

套英文版的《一百套古典文学》。

· 卫生室就在书房对面。

· 我记得学仁和颖保替我们洗澡，每几天一次；今天回忆起来还带给我温诚的感觉。

· 颖保坐在一张矮凳子上面，替我们一个一个的洗；学仁就用一条毛巾包住才洗干净的一个孩子，放在书桌上揉干。

· 我要说一句话：学仁在三十年代已经是新式的父亲，帮妻子替孩子洗澡。

· 除了吃饭以外，我们家的饭厅又是我们做功课和听无线电的地方。

· 用图画教孩子：

  · 大石桥爷爷奶奶送了学仁和颖保一幅画。这幅画不大，就挂在饭厅墙上。

  · 画上有一个人骑在马背上，另外一个人骑在驴背上；二人后面还有一个人，他不但没有骑的动物，还费力推着一架堆满货物的车子。画上面题字："人骑马，我骑驴；回头看，推车汉；比上不足，比下有余。"

  · 我们姐妹兄弟都了解这幅画的意思：教我们如何做人。

  · 这幅画一直挂在饭厅墙上；学仁和颖保用画上面的音信教导我们：不要嫉妒富有人家物质享受比自己的多，也不能讥笑贫穷辛劳的人，要知足。一直到今天，每次我看见现在香港做苦工的人，尤其是年纪大的女人在街上推小货车，我总是回忆起妈妈的口音："感谢上帝，我们比上不足，比下有余。"

  · 这张画没有带到纽约，不过一定带到重庆去的。从重庆带回南京，还是挂在原来饭厅墙上。四妹白华记得这张画。1937 年我们到重庆时她才三岁，1945年我们回南京那年她已经十岁，所以战后这幅画一定在南京，她天天看见的。我们离开南京没有带东西。当时没有人想到我们一去美国，就没有再回老家了。

1930

- 学仁三十一岁
- 长女，我，魏白蒂于 7 月 25 日生在南京鼓楼医院。英文名字叫 Betty，没有小名。
- 学仁和颖保的六个儿女中，有五个出生在鼓楼医院。

鼓楼医院

- 南京鼓楼医院成立在公元 1892 年；医院今天仍在鼓楼原址，不过已经从小的诊所发展成为江南最大的健康中心之一，也是南京大学医学院训练培养医疗人员的医院。
- 医院创始人是从加拿大来的马林医师（William Edward Marklin，1860—1947）。他在 1880 年从多伦多大学医学院毕业后就加入基督会加拿大分会对外传教的组织。这个单位送他来中国。先到上海；1886 年 4 月 16 日到南京，在鼓楼附近开了两家治疗所。第二年秋天，与才到南京的美国基督会传教士美在中教授（Frank Eugene Meigs，1915 年卒），和先在南京美以美会传教、后来改行成为美国外交官的卫理先生（Thomas Edward Williams，1854—1944）及他的夫人，合作开办了这

南京鼓楼医院创始人北美医学专业的传教士和他们的家眷
后排：美在中教授（左一）、卫理先生（右二）
十九世纪九十年代照片

一所医院。[1] 除医治病人以外，他们还培养训练医生和护士，一直到汇文开办了医学院才停止。

金陵大学理学院

· 理学院成立，学仁为首任院长。[2] 学仁以他在西方得到的知识、教学和管理行政的方法，提倡现代的西式科技教育。除了外来的专家以外，学仁还聘请好几位和他一样，已接受国际专业教育、得到硕士或博士学位的青年，参加开办新的教育机构。

---

[1] 颖保收藏图书中有一本卫理夫人写的回忆录，现在在我手上。
[2]《金陵大学校刊》第 1 期（1930/10/24）；张宪文主编：《金陵大学史》，南京·南京大学出版社，2002 年版，第 191—192 页。

- 首任教授有戴安邦（金陵大学学士，哥伦比亚大学化学硕士、博士），余光烺（芝加哥大学数学硕士），唐美森（Claude Thomson，哥伦比亚大学化学博士），陈纳逊（普林斯顿大学生物博士），潘澄侯（东吴大学学士，哥伦比亚大学化学硕士），高钟润（金陵大学学士，1945年以后获明尼苏达大学地理学博士，后任马里兰州大学地理学教授，曾为学仁的中文秘书）。

- 贝德士教授（Searle Bates，1897—1978），美国基督会传教士。他从希拉姆学院（Hiram College）本科毕业后，获得最有声望的罗德奖学金（Rhodes Scholarship）去牛津大学深造；回美国后再在耶鲁大学获得历史学硕士和博士学位。1920年到南京，一直在金大。1937年日军南京大屠杀，贝教授保护金大及金女大未疏散到四川的教职员和学生。[1]

欢送贝教授夫人回国休假
在平仓巷十一号门口
贝教授夫人和两个儿子站在中间
颖保在贝夫人之右，学仁在贝教授之左
其他的人面孔熟悉，可惜我记不得他们姓名
1933年4月
魏学仁档案收藏（美国）

[1] 1937—1938年日军南京大屠杀。那时美国是中立国，日本兵还不敢干涉美国人。贝教授保护金大未疏散到四川的教职员和学生。他是"见证人"。张开元：《南京大屠杀的历史见证》，武汉.湖北人民出版社，1997年版，原文：Miner Searle Bates, Eye Witness of Nanking 1937—38, New Haven: Yale University Divinity School Library, 1995. 后来和前金大农学院谢院长的女儿谈才知道这一百多个女大学生躲的地方是他们离开金大以后自己买的房子，离金女大校址很近。

- 贝德士教授和学仁的关系和其他同事不同。贝教授不是研究科学的，但他是魏学仁的心腹。学仁遇难题大都征求贝德士的意见。
- 理学院行政完全用小组组织。有六所委员会：教导委员会，研究委员会，科学教育委员会，科学教育电影委员会，科学服务委员会及事务委员会。
- 理学院课程管理分成三类：纯粹科学为"系"，应用科学为"科"，其他实用生产和与校外单位有交代的组织为"所"。后来这些名词有更变，无定。有些也叫"部"。

系

- **化学系**：首任系主任是戴安邦。戴教授的背景和学仁有相同之地。两人都是金大毕业，得斐陶斐（Phi Tau Phi）奖；获得博士学位以后又入 Sigma Xi 学会。戴教授学问高人，又能管理行政，他留下来许多学术著作，是《化学》杂志的创办人和编辑。
- 1980年我第一次回南京，学仁叫我去看他金大老朋友。戴教授情形最好。
- 吴征铠（1913—2006），中国著名原子能专家，在1930年进入理学院。他在自传《我的一生》中说他选化学的原因就是因为当时化学为金大最强一系；有三位有名的教授（戴安邦，潘澄侯，李方训）。而当时，物理系是才开始。

- **物理系、数学系**：成立不久就分成两系。
- 开始学仁自任物理系主任。两系分开后余光烺为首任数学系主任。
- 其实物理系的教师也不比化学系差。学仁是系主任，教授有吴汝麟（负责实验室）、刘殿卿、钱宝均、许国梁。另外还有计舜廷、毛德恩、毛德义，都是我们小时候每天听到的名字。

· 学仁创办几种杂志，与物理系最有关系的是《物理杂志》。

· **生物系**：其实只有动物系，植物系还是留在农学院。
· 主任为生物学界元老陈纳逊，中国动物学会创始人之一。[1]

· **医学系**：理学院才开办时，医学专业从汇文搬过来。1933 年开始算独立一系；但是和其他系有不同一点：医科课程只有三年，其他各系四年。

科

· **工业化学科**：其实从 1921 年开始此科已经存在，本属化学系。1929 年以后搬到理学院，由院长室直接管理。此科出产的蒸馏水和煤气不但自己用，还卖给其他机关：鼓楼医院（煤气，蒸馏水），金女大（蒸馏水），首都电厂（蒸馏水），首都电话（蒸馏水），心理研究院（蒸馏水），中央研究院（蒸馏水），能为金大获得不少收入。所以这一系为学校创收经费，十分重要。

· **电机工程科**：学仁要开这一科的原因是当时急需训练培养与电学和电器有关的人才。1935 年正式立科。
· 为了建设这一科，学仁花了不少功夫。有校董反对，他们坚持电机工程不是人文科学，金陵大学不应该有这么一门专修课程。
· 可笑当时没有人辩农学、医学也不是人文科学。

---

[1] 袁传密：《陈纳逊校友》，载《金陵大学建校一百周年纪念册：1888—1988》，南京．南京大学出版社，1988 年版，第 193—194 页。

- 幸好学仁能说服校董会。他的理由是：电机工程知识是现代生存必需，所以应该放在高等学府课程中。他已经预备将电机工程科收在物理系下面，维持费用算在物理系的经费里面。

- 学仁从中央大学请杨简初教授到金大来组织建立电机工程科。

- 另外，他又派物理系的无线电专家吴汝麟教授和电子学专家戴运轨教授在此科任教。

- 第一班，五名学生，已经在1929年入学，但是不能公开说他们是电机工程学生。[1]

- 电机工程科下也设冶金和小电器维修工厂。

部

- 教育电影部

- 学仁觉得如果中国要自为强国，民众急需要得到普通常识。1927年美国有声电影成功上映，柯达公司第二年已经创办教育电影单位组织。学仁十分兴奋，发现可以将电影作为教室内外通用的工具。大概是因为经费问题，他将电影教育也放在理学院的物理系。学仁在理学院开办电影教育为中国科学教育电影先驱。存有档案和孙明经等所写的回忆，不过只有与金陵大学有关系的人才能看得到。[2]

- 后来，1934年开始拍摄制作电影的经费也不是从金大预算里面来的。

---

[1] 云铎：《杨简初老师坚韧务实，教书育人》，载《金陵大学建校一百周年纪念册：1888—1988》，南京．南京大学出版社，1988年版，第195—197页。

[2] 另外，二十一世纪，陈智，南京一位记者，在一篇大众都能看懂的文章上面写："1930年（金陵大学）理学院建立，院长魏学仁发起成立了'电影教育委员会'；并组建了摄影部，开始自制和译制教育影片。"《金陵友声》，2005年12月，第14—16页；陈智：《中国第一部获国际奖电影：农人之春逸史》，北京．中国国际文化出版社，2009年版，第4页。

图书馆

· 理学院图书馆收藏有中外文图书和一百多种科学杂志。

实验室

· 理学院每一门课程都有实验课。
· 学生必须自己动手，而不是老师做实验给他们看。学生在实验室工作时，教授或讲师和助教在那里指导和监督。

1931

· 学仁三十二岁
· 长子，魏白英于 9 月 16 日生在南京鼓楼医院。英文名叫 Robert，小名叫 Bobby，大学毕业后叫 Bob。
  · 颖保当然特别高兴。因为自己父亲没有儿子，一辈子担忧没有子孙祭拜祖宗。尤其，学仁是独生儿子，她又给自己加上替魏家承继香火问题的烦恼。
  · 多年以后，她的长子媳妇第一个孩子就是儿子。又有了一代姓魏的，颖保得意之至。
  · 又多年以后，光普[1]订婚。妈妈用深红色唇膏在粉红色纸上写字，宣布这个好消息。我们都知道在她心里唯一的思想："魏家又有一代"。

---

[1] 编者注：作者的侄子。

- 现在才了解为什么颖保一辈子对生儿子那么偏执：就是因为公公没有儿子的缘故。

- 当年7、8月，白英出生前一个月，外公去世。那时8月深暑，南京天气闷热，颖保正在后院竹棚下乘凉。一个理学院的工人急急地跑过来，说不必等学仁吃晚饭，他去下关了。颖保马上知道一定出了大事，不是她爹，就是她妈。虽然她行动已经不太方便，但她叫了一部黄包车，拖她去娘家。[1]

- 出殡那天，南京规矩是孝子坐在灵车上陪灵柩。公公只有一个孩子，虽然是女儿，还是算孝子，坐在灵车上灵柩旁边。不知那时灵车是汽车还是马车，总之不巧车子出了事，灵柩翻下来，把颖保手臂打断。到医院又接得不好，从此她一只手臂不能完全伸直。不过，没有丧失功能，也看不出来。

- 是年9月，理学院开始举办化学工程和电机工程课程班，不过还没有正式设科或系。一切由许国梁和新教授杨简初负责。

- 也是9月，白英出生第三天，"九·一八"事变爆发。日本军队侵入东北，宣布伪"满洲国"成立。南京的学生和知识分子的反日心情更为增加。刚好日本政府在南京建筑的领事馆房子，与金陵大学的校园一样高。也正巧，日本国旗在旗杆上，人人在理学院都看得见日本国旗。学生十分不满意。他们的老师，像学仁一样，从1919年开始，一直是"受日本

---

[1] 今天，2014年5月，鼓楼到下关可以搭公共汽车，车费2—3元；地下铁正在修建。感谢朱茜给我这些资料。

人气"的爱国分子，也十分同情，没有反对学生建造一杆比日本旗杆高得多的旗杆。所以他们的国旗飞扬得比日本旗杆高。（理学院的旗杆其实到1935年才建好，不过，毫无疑问是南京那时候最高的旗杆。）

· 学仁是成立中国物理学会的发起者之一。

· 1931年11月1日，中国北方物理学界的13位物理学家共同决定发函给国内数十位物理学界同仁，附上所拟定的"章程"（草案12款），并邀请他们共同成为中国物理学会的发起者。这13位中国物理学家是夏元瑮、张贻惠（北平大学），叶企孙、吴有训、周培源、萨本栋（清华大学），严济慈、朱广才（北平研究院），王守竞（北京大学），文元模（北京师范大学），谢玉铭（燕京大学），丁绪宝（东北大学），吴锐（中法大学）。

· 作为金陵大学首任理学院院长，同时是物理学教授的魏学仁当然也收到了函件，而且，在发函的13位中国北方物理学家中有三位（谢玉铭、吴有训、周培源）是学仁在美国芝加哥大学留学时的同窗好友。学仁欣然成为中国物理学会的发起者之一，同时也成为中国物理学会首批会员之一。

1932

· 学仁三十三岁
· 大妹魏白莉于9月13日生在鼓楼医院。英文名字叫Beatrice，小名叫大妹和Bea。

- 颖保的妈妈，我们的婆婆在下关去世。

- 不知道什么缘故，我们对婆婆的生平完全不知道。我们晓得她姓王，但是不知道她的名字。四妹的女儿慧美说颖保告诉她，婆婆性格和脾气都很温柔，人也很漂亮。嫁给一个性格强、脾气急的公公，她一生安分守己地生活。自己只生了一个女儿，我们的妈妈颖保，但是丈夫一辈子想要儿子，一天到晚告诉所有的人他要儿子。她对丈夫讨了一个小老婆又说要再讨一个小老婆有什么观念，我们就不知道了。

- 婆婆的独生女儿从小就住在外国传教士办的新式学校，生活完全不像传统中国小姐。我们完全不知道她对女儿嫁给自己选择的丈夫有何意见；不过我们想她对这个新式女儿嫁给一个上无公婆的新式大学教授，一定是很放心的。

- 婆婆的娘家在"乡下"。颖保记得她小时候去"乡下"看亲戚。哪个乡下，我就不知道了。1937年日军轰炸南京，学仁送颖保带我们去长江北岸的仪征，我想那里一定就是婆婆的娘家；也可能公公的田地产就在此地。

- 我从婆婆那里得到的继承物品是颖保给我女儿们的一对翡翠纽扣：是缝在老太太帽子上的装饰品，还有一套银台面。

1933

- 学仁三十四岁

- 从一张1933年拍的照片中可以看见，在当时平仓巷十一号的院子里：学仁、颖保和他们的三个孩子，在草地上；学仁和颖保穿的是当时的中装，学仁的草帽放在地上；我们穿的是西服。

- 大学毕业以后，颖保一辈子没有穿过西式的裙子。在国内她穿旗袍。到美国以后，她在家穿长裤、绣花鞋；出去穿旗袍、皮鞋。

1933 年夏天学仁和颖保带着三个孩子
从左至右：白莉，白蒂，白英
魏学仁档案收藏

· 学仁夏天穿中装，冬天穿呢子西装。问他喜欢哪一种，他说"当然是中装，
舒服得多，尤其在夏天；不过冬天西装暖和些。"

· 1980 年以后内地旅游开放，我去过平仓巷好几次。院子跟我们住的时
候完全不同。草地、一些树及灌木丛已经不在；但是房子犹存，不过失修。
颖保在 1930 年为我第一个圣诞节所种的圣诞树，现还扬扬，比房子高。

· 1988 年扬州师范学院（今扬州大学）请我参加扬州学派研讨会，路经
南京。接我的车也接南京大学历史系主任茅家琦教授。我问司机茅教授

住在哪里。司机告诉我平仓巷时，我问他十一号在哪里。茅教授告诉我，他1951年才到南京大学做讲师的时候，就住在十一号楼下的小客房，表示他就住在我们家。

· 那时已天黑，我看不见房子，也看不见院子。

· 平仓巷十一号现在用来做南大的幼儿所。房子外貌好像毫无改变；院子里面的树已经被砍掉；现在摆满了小孩的室外玩乐设施。虽然我去过南京好几次，但从来没有看见一个人；我也没有大胆地跑进房子里面去偷看。

1934

· 学仁三十五岁

· 四妹魏白华生于鼓楼医院。英文名叫Barbara。学仁颖保喊她小四。她最恨人家喊她"四子"；除了我以外，天下没有人喊她"四子"。我的女儿和外孙女儿们喊她"Auntie四子"。

　　· 四妹在2008年她生日那天病故于檀香山。

· 纽约州的董事会在纽约为即将"新"成立的金陵大学注册，以便筹款。[1]

---

[1] 耶鲁大学神学院图书馆藏《中国教会大学档案》卷4。

这张照片是在南京平仓巷十一号理学院院长住宅院子里拍的
前排的孩子是魏白英（两岁）所以是 1933 年[1]
从左至右：Alex Paul，颖保（主人），Minnie Vautrin（金女
大），未认出女士，Lewis Smythe，Edwin Marx，学仁（主人），
高钟润，Luther Shao，James McCallum
这张照片现藏于"基督会档案"收在西弗吉尼亚伯大尼大学
档案处。编者特此感谢 the Disciples of Christ Historical Society
Archives，Nashville，Tennessee。

· 学仁在 1931 年成为中国物理学会的发起者之一，也是中国物理学会首

批会员之一，并于 1934 年主持了中国物理学会第三次学术年会。同时，

他作为物理教学委员会委员长，对物理学科的教育发展贡献亦不小。因

此，我特别将他为中国物理学会所做的事情放在这里讲述。[2]

---

[1] 十分高兴我能得到这张照片。我最先在 Minnie Vautin, Suping Lu ed. *Terror in Minnie Vautrin's Nanjing Diaries and Correspondence, 1837—38*, Urbana: University of Illinois Press, 2008 看见这张照片。可惜照片说明上面错误太多。不过也不能怪没有背景的学者乱猜。我一看就知道这张照片是 1933 年在我们家拍的。我认得照片上差不多所有的人。读者请看本章稍前的照片，上面的小男孩穿的是同一件衣服。小男孩是我弟弟白英，那时两岁，所以是 1933 年夏，不是 1938 年。1938 年我们在重庆。

[2] 感谢魏永康提供相关资料，这部分内容来自他未发表的一篇文章（截至 2022 年 6 月）。

学仁对中国物理学会的贡献

中国物理学会成立大会暨第一次年会于 1932 年 8 月 23 日在北京清华大学科技馆开幕，大会由清华大学校长梅贻琦主持，由叶企孙向参会代表报告了中国物理学会发起和筹备经过。在这次年会上，选出了五位理事：夏元瑮、颜任光、李书华、丁燮林、梅贻琦；九位评议员：李书华、张贻惠、叶企孙、胡刚复、丁燮林、吴有训、严济慈、萨本栋、王守竞。第一届理事会的会长、副会长分别由李书华、叶企孙担任，秘书为吴有训，会计为萨本栋。第一次年会宣读论文共 10 篇。

中国物理学会第二次年会于 1933 年 8 月 2—4 日在上海交通大学工程馆举行，大会由丁燮林主持，第二次年会宣读论文共 23 篇。会议选举会长、副会长分别由李书华、叶企孙担任，秘书为严济慈，会计为萨本栋。评议会由李书华、叶企孙、严济慈、萨本栋、丁燮林、胡刚复、王守竞、裘维裕、饶毓泰组成。

中国物理学会第三次年会于 1934 年 8 月 30 日—9 月 1 日在南京金陵大学科学馆举行，大会由魏学仁主持。

中国物理学会第三次年会筹备委员会名单

委员长	魏学仁
文书	倪尚达
会计	张钰哲
招待组	颜任光、倪尚达、方光圻、桂质廷、黄巽、丁绪宝、鲁淑音、吴汝麟、王子香
会程组	李书华、魏学仁、张钰哲、杨季璠、张绍忠
论文组	施士元、戴运轨、严济慈、饶毓泰、叶企孙、丁燮林、王恒守、裘维裕、周君适、查谦、束星北

据金陵大学理学院主办的期刊《科学教育》（公开发行）1934 年第一卷

第三期对本次年会的报道：到会的有北京会员李书华、吴有训、严济慈、萨本栋等，上海会员丁燮林，从庐山参加完中国科学社年会后到南京的会员杨肇燫、梅贻琦、胡刚复、裘维裕、倪尚达等，以及在南京的会员魏学仁、戴运轨、吴汝麟、施士元、丁绪宝、孙国封、郝厚、方光圻、王子香、叶渚沛、虞绍唐等四十余位。中国科学社社长任鸿隽、中央大学校长罗家伦、著名政治学教授吴之椿、中央民运会代表尚免煦等人作为来宾也出席了本次年会开幕式。会议间隙，参会人员分组参观了理化研究所、气象研究所、中央广播无线电台、自来水厂、航空测量局、金陵兵工厂等。出席了教育部部长王世杰、国立编译馆、南京市政府、金陵女子文理学院等举办的宴请或茶会。

本次年会会长、副会长分别由李书华、叶企孙担任，秘书为严济慈，会计为萨本栋。评议会由李书华、叶企孙、严济慈、萨本栋、丁燮林、胡刚复、梅贻琦、吴有训、魏学仁组成。本次年会推举魏学仁、郑涵清、张绍忠、胡刚复、叶企孙、倪尚达、裘维裕组成物理教学委员会，魏学仁为委员长。

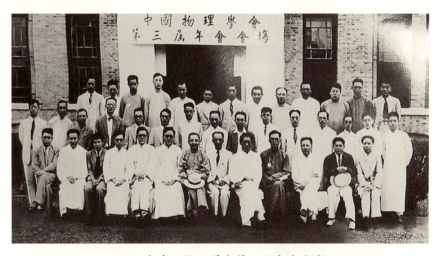

1934 年中国物理学会第三届年会合影
第一排：时任中国物理学会会长李书华（左七）、时任中国科学社社长任鸿隽（左八）、时任中央大学校长罗家伦（左九）、魏学仁（左六）、吴有训（左五）、叶渚沛（左三）、严济慈（左一）；梅贻琦（右四）、丁燮林（右三）、饶毓泰（右二）、萨本栋（右一）；
第二排：孙明经（左一）、戴运轨（右四）、施士元（右二）、程守洙（右一）；
第三排：许国梁（左一）、吴汝麟（左七）、杨肇燫（右五）、刘硕甫（右三）。

本次年会共宣读论文 39 篇。其中金陵大学两篇，分别是《用硫化锌方法量紫外线之强度》（作者：魏学仁、石道济）、《无线电真空管之光电效应》（作者：杨简初、孙明经）。这两篇论文均为英文，分别由金陵大学当时还是物理系助教的石道济、孙明经在年会上宣读。本次年会之后不久，石道济便离开金陵大学，追随曾参加年会的中国物理学会会员王守竞，他们共同成为资源委员会中央机器厂最早的创始人团队成员。孙明经则成为一位电化教育巨擘，1949 年后成为北京电影学院创始人之一。在本次年会上，作为东道主的金陵大学理学院师生中的程守洙、杨简初、石道济、刘殿卿、云铎、孙明经、许国梁、刘宝智成为中国物理学会新会员。

学仁是中国电化教育事业的奠基人，金陵大学理学院从 1930 年开始在他的领导下大力推进电化教育事业，他提倡教育电影化，电影教育化，并在金陵大学理学院内组建了教育电影委员会，这在当时的中国大学中是第一家。因此金陵大学理学院为本次年会留下了珍贵的影像资料，使我们在今天也有机会可以一睹这批中国物理学家当年的风采。

中央电视台《见证·影像志》纪录片栏目中播放了中国物理学会第三次年会视频片段
前排：李书华（左一）、魏学仁（左二）

如今，这次年会的影像资料和其他金陵大学摄制的一百多部教育电影一起保存在北京中国电影资料馆。2005年，在庆祝中国电影诞生一百周年之际，第三次年会的影像资料在中央电视台CCTV1频道纪录片栏目中呈现。

学仁对物理教学委员会的贡献

中学阶段是人一生的素质养成的关键时期。二十世纪三十年代的中学生也是社会建设和就业的主力军，基数庞大，中学生只有很少一部分能升入大学深造，中学教育的质量也直接影响大学的生源质量。因此，学仁格外重视中学理科教育，他认为当时的中学理科教育主要存在师资力量、教学方法、教育目标偏差这三个方面的问题。

学仁认为中学理科教员大部分是来自大学理学院毕业生，小部分来自师范学校毕业生。大学理学院毕业生多半对于教育学有些茫然，对于教育原理、教学方案、教学方法都不十分熟悉，对于示教实验的设计、学生实验的布置，也多缺乏经验。而师范学校毕业生对于专科训练往往又嫌不足，甚至有人批评师范学校毕业生"只知道如何去教授自己所不知道的科目"。至于安排英文系毕业生去教物理，经济系毕业生去教化学，他们对于专科知识以及教学方法均没有相当的训练，这种奇怪的现象在当时全国各地屡见不鲜。

为提升中学师资力量，金陵大学于1933年夏与金陵女子文理学院联合举办了第一届中学理科教育暑期研讨会，研讨会设在金陵女子文理学院校园内。共有来自全国10个省市、代表33所学校的100多名中学理科教师参加了为期四周的研讨会。研讨会的范围涵盖以下三方面：改进中学理科教学法，探讨科学界最近发展动态，研究并试验新教学法及教材。金陵大学因举办第一届研讨会成绩斐然，为学界称道。被当时的教育部推广在16所大学里逐年举办中学理科教育暑期研讨会，甚至在抗战期间也不中断。应教育部的安排，学仁编著了《高级中学物理练习》、倪尚达编著了《高中物理学》、戴运轨编著了《高中物理实验教程》。上述中学教材均正式出版，并由教育部推广使用。学仁于1944年甚至为小学生编著了物理启蒙读物《物理的现象》，由文风书局出版发行。他用优美的文字，将物理概念寓于"在实验室里""参加周末的音乐会""到南山散步""炉边闲话"四个小故事中，培养和激发小学生们对物理的兴趣，引导小学生们长大后走上物理之路。

在中学教学方法方面，学仁认为中学理科教员往往课堂讲授太多，给学生观察和实验的时间太少，这与一些中学经济实力弱、无力购置足够的实验设备也有一定关系。于是金陵大学曾专门辟出几间实验室，室内设置中学理科实验所需仪器，向南京地区各中学出借或者分时段出租，使各中学学生在约定的时间段内，皆可前来进行实验。仅略收租金，以补充仪器设备使用损耗。这种办法解决了一般中学因经费不充裕，无力购置各种科学仪器而无法完成理科教学实验，从而影响教学效果的问题。

一般中学往往把就业、升学、会考视为三大任务。中学教员让学生专读会考指南，对学生灌输式教学过多，知无不言、言无不尽，他们的目标是使一个个学生都成为专家。但是，学仁更关注学生的素质教育和科学精神的养成。他在《认清科学教育目标》一文中指出：从事科学教育者应当对整个教育目标有明确的认识才能以此为根据进行教学。教育目标中的核心问题是培养什么样的人才，学仁在文中从知识、能力、习惯、动机、态度、兴趣、欣赏、道德八个方面阐述他的人才培养标准。

学仁的科学教育目标分类表

分类	内容	分类	内容
知识	（1）自然界之组织； （2）自然界各种力之认识； （3）普通科学名词之意义； （4）科学之事实及原理； （5）重要原理之证明； （6）有关于日常生活之科学原理及其应用； （7）有关于职业之基本科学知识； （8）各种有关系科学职业之性质及其发展性。	能力	（1）运用科学方法之能力； （2）运用演绎方法之能力，应用已知之原理，以解说新而复杂之现象； （3）运用归纳方法之能力；能由实验结果发现新定理； （4）运用实验技术之能力； （5）有统制本人思想之能力。
态度	（1）不武断，非俟整个事实完全明瞭时，不下任何诊断； （2）无成见，不受任何成见之影响； （3）信证据，对于客观证据之信仰心，比对于专家之论调，尤为深切； （4）重诚实，不言过其实。	欣赏	（1）科学之福利：①人类疾病之免除与治疗，②物质生活之改进，各种新工艺之发展； （2）自然定律之普遍性； （3）自然现象之美观； （4）研究自然之兴趣； （5）科学家之贡献； （6）科学研究之重要。
习惯	（1）运用科学思想之习惯； （2）问难之习惯； （3）观察之习惯； （4）真确之习惯； （5）独立思想与行动之习惯； （6）耐劳之习惯； （7）实行之习惯。	兴趣	（1）培养与个人特长有关系之兴趣； （2）培养与个人将来之职业有关系之兴趣。
动机	（1）求知之动机； （2）求证明之动机； （3）发现与发明之动机； （4）服务人群之动机。	道德	（1）坚决意志； （2）牺牲精神； （3）服从真理； （4）效忠主义； （5）服务人群。

学仁出任金陵大学首任理学院院长的第二年即爆发了"九·一八事变"，陈裕光校长领导全校师生宣读了永远不用日货的誓词。就当时中国的特殊国情而言，大力发展实业，迅速提升国力，对工科人才的需求至为迫切。为了教育救国、实业救国，学仁与陈裕光校长商议后以建立应用物理系的名义向教会申

请办学经费。依托物理系的师资办起了当时全国教会大学中的第一个电机工程系，并由杨简初教授担任系主任。电机工程系以应用物理系名义开办，且附设于物理系，由此与物理系结下不解之缘。物理系系主任吴汝麟教授为电机工程系学生讲授无线电学；戴运轨教授讲授理论电学；张钰哲教授讲授理论力学；刘殿卿、钱宝钧、程守洙、许国梁、刘宝智、孙明经、计舜廷、毛德恩、毛德义等物理系副教授、讲师、助教也都担任电机工程系的讲课或实验、实习指导工作。

"七七事变"后，日军发动全面侵华战争。1937 年 11 月 18 日南京危在旦夕，金陵大学被迫停课西迁。金陵大学理学院电机工程系，及电化教育、汽车等专修科由学仁带领留在了重庆曾家岩求精中学内，以就近服务政府战时的需要，金陵大学其他院系则西迁到成都华西坝华西大学校园内，与其他三所西迁至此的金陵女子文理学院、齐鲁大学、燕京大学合计五所教会大学一起办学。

金陵大学理学院在求精中学内挖了防空洞（至今仍在），有一次空袭警报响起，《纽约时报》记者 Tillman Durdin 带来了恰在附近的周恩来躲避日机轰炸，学仁得此机会结识了周恩来。金陵大学理学院的防空洞也有机会庇护过未来中华人民共和国的第一任总理。

为了满足战时电信通话的需要，学仁与杨简初、计舜廷等人研究发明了隔层滤杯式蓄电池，并与交通部在重庆合作创办中央湿电池厂，在战时生产了约 14 万只，基本解决了电信电源供应问题，使后方通讯得以维持。1946 年该厂在南京建新厂，1952 年该厂被认定为公营企业，后迁往山东，更名为淄博蓄电池厂和 481 厂。金陵大学电机工程系毕业生宁维勋在该厂工作、生活至 102 岁。

那时，抗战后方文化教育界出现了书荒，美英等国赠送了中国大批图书期刊的缩微胶卷本，如何阅读它们又成了问题。学仁组织金陵大学物理系、电机工程系、电化教育专修科的师生通力合作，设计制造出结构简单、经济实用的阅读器，首批制造 100 台，分配到全国几十个图书馆投入使用。

中国物理学会会员戴运轨教授在空军参谋学校兼职授课，在成都设计创立了我国最早的风洞实验室，研究飞机各种翼型。

中国物理学会会员许国梁教授和戴运轨教授在战时分别编著了《大学物理实验教程》《大学普通物理学》，不仅用于本校，多所其他高校亦采用。从1961 年至今，中国物理学会会员程守洙教授的《普通物理学》教材在大学里被广泛使用。

当时的教育部对金陵大学理学院的战时办学精神颇为赞许，认为"该院办学认真。学生学业考核甚为严格；教员研究工作颇著成绩；与校外事业机关合作，成绩亦佳；附设工厂，对战时工业颇有贡献。职员人数不多,工作效率甚高"。

1935

· 学仁三十六岁
· 家庭生活和理学院进展都十分美满,学仁在一篇用英文写的文章中写道:

我们不应该总是以为自己生下来命苦、倒霉，或者自怜自己；我们应该尽力自己解决问题，将"不幸"转成"鸿运"，将"障碍"变成"机会"，把所有人生价值提高。[1]

· 在1935年2月《世界之声》杂志上,马教授颂赞他得意门生的那篇文章《魏学仁博士》中写:

---

[1] Wei Hsioh Ren, "What I Owe Christ", *World Call* (February, 1935), p.14—15.

1925 年他得洛氏基金会奖学金去美国读研究院。在芝加哥大学又是成绩超人，三年不到就得到博士学位。他拒绝该大学邀请留校任教，而返国回母校服务。先做教务长，兼物理系教授主任，后来又做理学院首任院长。在他领导之下，金大理学院已发展成为全中国最完整和优秀的一所学院。

除了学校的重大负担之外，魏博士还替南京社会服务。……他又是我们在南京好几个教会学校的校董；任职各种委员会，肯花许多时间、力气和精神做各种事情。所有的单位完全依靠他的判断力和领导能力。同时，人人都请他演讲；也靠他做翻译——因为他中英俱能，说得有声有色，又十分幽默。

魏博士的态度令人佩服。他的举止完全温柔，同时有礼貌，又乐观。我从来没有看见或听说他对人不客气；也从来没有听见他说过一句无礼的话。他的夫人也是一样。魏夫人是金陵女子大学毕业生。结婚以前她曾在一所教会学校当过教师。今天他们有四个玲珑可爱的孩子。[1]

· 1935 年 3 月的《世界之声》也登载了 Edna Whipple Gish 关于中国青年如何替国家现代化服务的一篇文章《中国青年大游行》：

如果我们真想了解现在（1935）的新中国，我们一定要认识今天中国的青年，懂得他们的幻想和希望。青年人是不肯接受假冒的思想和不负责任的宣言。他们寻找生命的深意义，又坚持现实真理。他们勇敢地前进，想法解决所有国家和社会的难题，开办所有国家需要的源流，如何增加大众常识、农村改进、新军事计划、其他国家政策，等等，无题不问。

这种学生运动在南京开始。南京是新中国的首都和教育中心。我相信

---

[1] Edwin Marx, "Dr. Wei Hsioh Ren", *World Call* (February, 1935), p14.

这些运动在南京发起与我们基督会在南京开办的教育机关有关。这些领导青年许多是我们的毕业生，住在首都，影响 425,000,000 同胞往前进。

这些青年领导人有几个现在还保持和我们教会海外传教单位的密切关系。其中第一个名字就是魏学仁博士。他现在是金陵大学理学院院长……他不但自己是一名学术专家，也极受学生欢迎。

·高钟润解释学仁做事情又快又好的原因："他处事有快刀切豆腐之光润"。[1]

孙明经（1911—1992）和教育电影

·孙明经 1934 年在金陵大学物理系毕业，专修电影拍摄。他是学仁一辈子最亲近的同事和朋友。

·孙明经来自一个拍摄照片和电影的家庭。中文"电影"这个名词就是他祖父起的。[2] 孙明经 1931 年到理学院来做学生时已经是有经验的照相师了。

·金大有一个雇用学生做兼职工作的制度，叫"勤工俭学"。

·孙明经进入金大理学院，读化学、物理。教育电影科成立后，又转到电影科。他的祖父曾教金大校长陈裕光博士用照相机，他的父亲跟陈校长又是朋友。因为父亲身体欠安，孙明经须自己工作交付学费。他没有到南京以前，曾在湖南教过中学。进入理学院以后，在金陵中学代课。他也在理学院替潘澄侯教授做助理。潘教授发现孙明经有极强的拍摄冲

---

[1]高钟润：《一位成功的教育家：回忆魏学仁老师》，载台北.《中外杂志》总第 249 号，第 45 卷，1987 年，第 67—68 页。

[2]孙建三：《Film 为什么叫电影》手稿。

洗照片的能力，将他推荐给学仁。[1]学仁就聘他做教育电影委员会的书记员。他未上班以前，学仁跟他谈话，说：

聘一个学生做点事，让他可以小有收入，这种事在金大早有传统，文、理、农三院皆然。……这次聘你做教育电影委员会的书记员，我是和陈校长专门商讨过的。我和陈校长在美国留学期间，都亲眼看到了电影对科学研究、对教育的发展、对工业、农林业、商业的发展，乃至对国家的政治都发生着影响。因此，我们今天在中国讲科学救国，讲教育救国，电影这一利器不可不用。[2]

- 理学院派潘澄侯主任、裴家奎和孙明经专任职于科学教育电影部。增加银幕设计等课。
- 孙明经1934年毕业，留校成为讲师。
- 金大理学院和电影协会，用前两年每星期在南京放映电影票税所得的4000元，开始摄制科学电影。但是这数目还是不够。需要的6000元是教育部资助的。
- 学仁亲自参加制作每一部影片。

孙明经照片

---

[1] 许多关于孙明经的资料大多来自网络资料：《一代影视大师：孙明经》（访问时间：2014年4月28日），作者说他的资料从访问孙建三得来。不太清楚的地方我也问过孙建秋。

[2] 网络资料：《一代影视大师：孙明经》。

魏学仁（1899—1987）：中国科学教育电影先驱[1]

· 1930 年金陵大学理学院成立，学仁为首任院长，用他在西方得到的各类知识、教学和行政方法提倡现代的新式科技教育。

· 学仁说民众急需普通常识，不能只等国家解决文盲的问题。1927 年第一部有声电影在美国成功推出，柯达公司于 1928 年创办教育电影单位。学仁觉得可以用电影为教育工具，将电影教育引进到理学院的物理系。后来电影单位独立，改为"电影教育科"。[2]

· 开始学仁租柯达公司制的有声影片，自己翻成中文。1934 年理学院开始自己制作影片：黑白影片，有字在银幕上，但是也有旁白将银幕上的字读得清清楚楚。

· 还有重要的一点就是，培训电影制作和电化教育人才是当时少数高等学府的课程内容之一，有下列课程：编剧，导演，制片，摄影，音响，剪切，美术设计，视学，效果，等等。又得到既有能力又有兴趣的孙明经。十年之内二人摄制科学教育电影二百余部。[3]

· 学仁才开始拍摄电影的时候，题目太大众化，内容太浅。他们以为观众的文化程度不高，就以初中学生做电影的观众来制作影片。十六毫米的影片通过水（船）陆（货车）运到各中学教室。同时也将这些片子放给大众看。[4]

---

[1] 这部分内容来自我 2009 年一篇未出版的报告。

[2] 当时金大除了中文和中国文化课以外，所有课程都用英语上课。

[3] 孙明经保留下一百多部，现藏北京电影博物馆。

[4] 南京大学校史编写组：《南京大学史》，南京．南京大学出版社，1992 年版，第 501—503 页，编者说是观众达到几万多人，不过我想这数目不太靠得住。

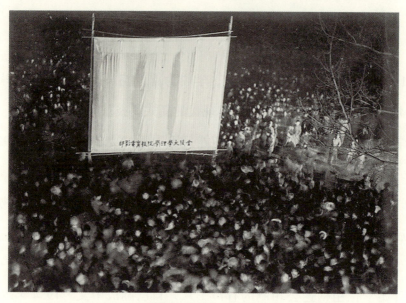

孙建秋提供这幅照片给我

抗日战争时期，孙明经在成都放映露天电影时拍摄此照

- 电影主题有水泥、桐油、电灯、电气、自来水、自动电话、轮船、航空、货车、火车、农业、荒山、园艺、棉花、首都名胜、川江航运、西康、日全食（1941）……

- 学仁在《中国教育电影协会会刊》（1936）上的一篇文章《中国之教育电影与教学电影》上面解释"教育电影"和"教学电影"不同的地方："教育电影"（documentary films）是由教育性的片子，把常识传给普通观众；"教学电影"（audio-visual films）是专门为课室里面的学生在导师指导之下观看而拍摄的。[1] 从大的观点来看，两种电影都增加人民的常识。

- 他对电影在教育上的重要性的认识可以从下面两段话看出：

---

　　[1] 魏学仁：《中国之教育电影与教学电影》，载《中国教育电影协会会刊》1936年，第14—18页。

印刷出版、无线电、电影，是现代传播文化三大工具。在今日的中国，因为文盲的百分率很高，以及各方言歧异的缘故，这三种工具中，尤以电影一项，在启发民智辅助国家进步的功用上，比较更有效力。[1]

电影和播音是近代最有效力的教育贡献。它们不但可以像文字一样的表现事实、传达思想、发挥情绪，而且可以给人以直接的印象、富有刺激的情绪，打破语言的隔阂，取消时间空间的限制；让人领悟有更多的事实和理论。我们不应当把它们完全看作小说性的娱乐、听戏的消遣，而急需把它们大规模地纳入我们的教育制度。[2]

·1992 年出版的金陵大学校史记载：

1930 年起，陆续引进理科各种专业教育电影。在院长魏学仁的宣道与支持下，联合各系教授成立教育电影委员会，在理科教育中首先广泛应用理科教学电影，并把它推广到中学。

1932 年 7 月，魏学仁与中国教育界、电影界人士接受国际电影协会的建议，在南京成立教育电影协会。该会从 1934 年开始，便与金大理学院合作，制作本国教育电影。[3]

·2002 年出版的《金陵大学史》又载：

---

[1] 魏学仁：《中国之教育电影与教学电影》，载《中国教育电影协会会刊》1936 年，第 14 页。

[2]《电影与播音》1942 年"试刊辞"稿。此刊从 1942 年开始，到 1949 年停印。北京孙建秋教授寄给我此文，特别感谢。

[3] 原文英文。此中文翻译来自南京大学校史编写组：《南京大学史》，南京．南京大学出版社，1992 年版，第 501—503 页。

经理学院魏学仁院长的大力提倡，电影正式作为金陵大学理科教学的重要辅助手段。并最终创设了一个全新的学科专业——电化教育专修科，从而揭开了我国电影教育的序幕。[1]

国际教育电影协会

· 学仁组织成立国际教育电影协会中国分会。开始，很快就有900名会员，来自政府、教育界和商业电影界。小叔叔魏学智的名字也在名单上面。

· 电影协会和金陵大学电影部合作。

· 从协会的档案看出学仁在1934年正式当选为该会理事。

· 虽然会长和其他理事多数为政府官员，但这个协会政策制定和办事多由理学院经手。

· 姜赠瑜和孙明经两校友各在庆祝金大成立一百年纪念册上写了理学院开始拍摄教育电影的经过。孙明经的一篇回忆学仁的文章写得非常清楚。拍摄制作教育电影的费用是理学院自己筹备的。1932年理学院电影人员开始公开放映将银幕上的解说翻成中文的进口片子，介绍常识给大众，也用做筹款的工具。

· 柯达公司从1928年开始拍制教育电影。公司在上海的分店进口了不少这类影片。金大租电影十分方便。孙明经写道：

（金陵大学理学院在）南京市各电影院在每星期日安排专场，放映教

---

[1] 张宪文主编：《金陵大学史》，南京.南京大学出版社，2002年版，第228页。

育电影，在每张票上加收一分钱，到 1934 年共积累 4000 元做基金，与理学院合作，开始拍摄中国教育电影。最初由魏学仁和化学系潘澄侯教授两人亲自拿起摄影机拍摄并创作。1935 年增聘金大毕业校友数人专门从事拍摄及制作，有物理系孙明经……[1]

· 请注意：每人出"一分钱"，共积累"4000 元"表示这些从美国带回来翻译成中文的片子，不到两年之内的观众至少有 40 万人次。

· 《科学教育》开始出版。
  · 第 2 期载有学仁所作《近代科学发展简史》。[2] 看得出学仁的教育背景包括历史。他提出了几个重要的历史关键点，其中象征欧洲三十年战争结束的《威斯特伐里亚和约》（Treaty of Westphalia），不是人人皆知的。学仁的"近代"是从 1492 年哥伦布发现美洲那年开始。这篇文章里面有 15 页讲原子学。

· 1960 年高钟润在美国读地理博士时，看见几部以前金大在抗日战争时期制作的教育电影；在前面已引用过的一篇他回忆学仁的文章中写：

金大理学院首创电化教育成功。专修科初设于南京校本部，继之扩长于成渝两地。此种文教宣传措施，对于国家社会报效重大。

[1] 孙明经：《前辈老校友魏学仁博士》，载《金陵大学建校一百周年纪念册：1888—1988》，南京．南京大学出版社，1988 年版，第 177—178 页。
[2] 魏学仁：《近代科学发展简史》，载《科学教育》1935 年第 2 期，第 7—24 页。学仁参考资料有五本书。其中只有一本是从英文翻译来的中文图书。

·在该篇文章中高钟润又写：

1930 年创办科学教育电影委员会，介绍美国大学理化实验课题等材料予理学院受业生。联合金女大立暑期数理化讲习班，奠定了中等教学识字的优良基础。抗战时在四川与该省教育厅主办科学仪器制造，开发应用工具。部分收入，补贴科技教师。[1]

---

[1]高钟润：《一位成功的教育家：回忆魏学仁老师》，载台北.《中外杂志》总第 249 号，第 45 卷，1987 年，第 67—68 页。

1936　1937

第 四 章

中国第一部国际电影奖影片《农人之春》；
世界第一部日全食彩色电影；迁校四川

1935 年《农人之春》得当年比利时国际教育电影比赛第三名奖。这是中国第一部拿到国际奖的电影。次年，学仁在北海道亲手用柯达彩色电影摄影机和彩色电影底片拍摄了世界第一部日全食的彩色教育电影。这个功绩不是容易办到的，拍到从月亮开始遮住太阳到结束不是人人皆能，摄影师不但要会用摄影机，他还一定要是天文、物理和数学的内行，更必须深知日食的现象。除了学仁，中国天文学会派去北海道的日全食观测队还有五位天文学专家，帮忙拍摄这部电影。同时，学仁在金大的进展也很满意；理学院办得很顺利；"教学电影"和"教育电影"已成为人人皆知的通用名词。可惜好景不长，次年日本全面侵略中国，政府西迁四川；金陵大学暂设成都；学仁领导金大理学院一部分在重庆开班。

1936

· 学仁三十七岁

· 学仁在理学院名下正式开办电影部，制作教学电影，在中学、大学教室放映，以增加教材内容；又制作教育电影，介绍常识给老百姓。

· 1934 年学仁在理学院出版的杂志《科学教育》上面发表了一篇论文《认清科学教育目标》。这篇文章十分清楚地解释了他的教育目标：不但要提高学府科学教育水平，也要为老百姓增加普通常识。他说日本能成为当时强国，因为日本人的教育程度已经让大众得到普通常识。中国"大部（分）人民仍在初民时代中生活，一若丝毫未受科学之福利。"[1]
那时的人太迷信，完全没有科学常识。

· 其实从历史眼光来看，金陵大学已经用从美国进口的无声电影作为课堂上的补充教材。这几年，国内对电化教育历史有兴趣的学者也已经开始用金大档案来研究学仁如何用电影在教室内外介绍科学常识。[2]黄小英老师记载了1913年的一位美籍教授在课堂用"电影"向学生宣传植树造林。[3]又有农学院"美国棉花专家郭仁凤自行摄制动片；并在1923年购买两架35毫米电影放映机和几部美国农业影片"。[4]他的学生又带这些影片到农村放给农民看。

· 农学院学生周明懿、张元玮、邵仲香把郭仁凤在课外拍的各种农民活动照片做成幻灯片，在教室里放映。[5]这就算是他们拍摄的电影。

· 这几年学仁在金大，他一定知道这些新事物。因为他在芝加哥时，教育电影一直就在他头脑里。[6]

· 1930年理学院成立科学教育电影委员会，电影制作活动在南京已经变得普通。直到学仁从国外带入最新的制作技术和放映电影工具，将电影

---

[1] 魏学仁：《认清科学教育目标》，载《科学教育》1934年第1期，第13—22页。

[2] 如，路林林，宋燕，李兴桥：《物理学领域早期电化教育专家：魏学仁》，载《现代教育技术》2013年第2期，第12—17页。这些金大档案存在南京大学档案馆；有一些已经转到在南京的中国第二历史档案馆。也有照片在网上。

[3] 黄小英：《专业与学者：解读金陵大学电化教育专业创办史》，载《电化教育研究》2009年第11期，第118页。

[4] 陈智：《中国第一部获国际奖电影：农人之春逸史》，北京．中国国际文化出版社，2009年版，附件二，第228页。同时，有人从国内寄给我一篇从一份杂志上面得到的文章——没有作者姓名，也没有杂志刊名。

[5] 陈智：《中国第一部获国际奖电影：农人之春逸史》，北京．中国国际文化出版社，2009年版，附件二，第228页。

[6] 请参考本书第三章中所写聘孙明经为金大"教育电影委员会"书记员时学仁跟他的谈话。

制作正式放在理学院课程之内，电影才成为一门重要的教育工具。

· 由 1934 年开始，理学院制作的教学电影已经是南京和附近十六所中学科学课程的必用品。

· 到 1936 年，教学电影和教育电影已成为人人皆知的名词。理学院拍摄的片子都需求甚殷。当时，除了学仁自己以外，孙明经已得到金大的学位，将他所有心力、时间，完全用在电影学发展上面。

· 当年，理学院开了短期暑期训练班。训练电影放映人员：1936 年、1937 年两班开在南京；1938 年一班在重庆。每期 20 名学生，学习如何应用和保养 16 毫米放映机，也学习如何调节电源（连电池在内）。

· 1935 年拍摄的《农人之春》获得中国历史上第一枚国际电影奖。因此我特意将此影片留到与教育电影有关系的这一章来详细说一下。

· 当年比利时庆祝立国一百周年，邀请十九个国家参加以农村为主题的教育电影比赛。[1]中国为参赛国家其中之一。《中央日报》在当年 5 月 21 日发布消息称中国政府答应参加。6 月 6 日影片制作完成：35 毫米，黑白无声，法文字幕。

· 政府将为此比赛拍的《农人之春》送到比利时。片子到达比国首都时，组织方已经开始放映其他的影片。在最后一天放了《农人之春》，得第三名。评委给《农人之春》的评语是"（此片）描写中国农村生活，极为优美！"

---

[1]1815 年拿破仑战败以后的维也纳会议将比利时和荷兰合成为一个王国。比利时人民因种族、宗教、语言及生活作风和北面的荷兰完全不同，于 1830 年脱离荷兰，自称比利时帝国。

· 这一好消息登在《中央日报》上面。[1]

二十世纪九十年代，南京还出了一个笑话。[2]

剪报图片来源：2006 年 5 月 25 日《金陵晚报》

· 1935 年拍摄《农人之春》的时候，除了金大理学院和农学院以外，出力的机关和个人包括：当时大名鼎鼎、人人尊敬的蔡元培校长（1868—1940）——国民政府首任教育部总长，中国教育电影协会主席；机关有中央电影厂、中央宣传会、行政院和行政院的农村复兴委员会、教育部、中华平民教育促进会、邹平乡村建设研究院；最后交给金陵大学理学院魏学仁院长、农学院章之汶、物理系教授潘澄侯等人"负责处理"。

· 学仁在银幕名单上写是"编剧人"；其实他负责总制片人的职任，在现代就称为监制。[3]

---

[1] 南京《中央日报》1935 年 9 月 8 日，第三版，第二页。这剪报是孙建秋寄给我的。

[2] 见《金陵晚报》（nigs.jllib.cn/doc/view/2259，2014 年 4 月 28 日访问），二十世纪九十年代一名记者弄错了，在报纸或网上宣布另外一部电影在莫斯科得的"荣誉提名"是全国第一部电影奖。陈智女士的《中国第一部获国际奖电影：农人之春逸史》书上将一切说得十分清楚。陈智花了三星期在中国第二历史档案馆寻找关于中国第一部获国际奖电影的资料，结论是《农人之春》。她是负责任的记者，电影历史专家；她的结论是可以相信的。其他一些人，就不太可靠了，比如另一网站的记者说"魏学仁在美国学照相，曾为很多影片掌机"，这显示他没有花功夫研究这些电影制作的背景。

[3] 感谢香港演艺学院张玉梅（Gipsy Chang）主任提供文中电影专业的所有中文术语。

中國教育電影協會會務報告　一六

農民生活，農事經營，農民教育，農莊風景等，係一配音影片。本會遂於七月二日乘中央電影檢查委員會檢查該片之便，邀請本會全體理事監事檢閱，並定名「農人之春」，翌日交郵經西伯利亞鐵路寄發。茲將中央攝影場暨金陵大學理科農學兩院參與該片工作人員姓名錄後，以資紀念！

中央電影攝影場

張　沖　黃天佐　吳佑人　余仲英　杜桐蓀　顏鶴鳴　陳嘉謨　汪　洋　屠長聲　程滄森

潘鼎武　張宗禹　徐賢任　吳再培　陳　櫻　李　英　蘭英　哈特威　廬　魏白也

馮鴻翔　黃天鵬　韋秋水　馮孟羆　何健民　劉非心　王振華　于鼎　孫俠

金陵大學理學農學兩院　魏學仁　章之汶　謝仲香　周明濟　潘澄侯　王振華

本會以此項國際競賽，應派代表出席以昭鄭重。適本會會員實業部技正皮君作瓊奉命赴比參加國際森林會與為中國出席代表，照即請其就近代表本會出席與際競藝會，在比主寺說陸事宜。嗣後皮代表報告，我國影片於晚間會別審前二

《农人之春》广告
刊载在《中国教育电影协会会务报告》
（1936年3月）第16页

《农人之春》获奖证书

图片来源：nigs.jllib.cn/doc/view/2259（2014 年 4 月 28 日访问）金陵图书馆©

《农人之春》

· 剧情十分简单：一座村庄里有一家人，以农为业，大家庭制度，一家三代人安分守己地在一起生活。

· 正好是春天，农人家家户户都忙着种田。

· 老农夫妇已经退休。他们两人整天在一起消遣，做他们喜欢的事情，看着孙子孙女儿玩，将所有种田和管家责任完全交给儿子和媳妇。

· 两个已成年的儿子都留在家乡种田，与父母同住，过着传统生活。

· 长子已结婚生孩子。婚姻是传统型的，父母之命、媒妁之言。长子没有受过新式教育，不过他是一个有经验的农夫。

· 次子未婚，是大学毕业生，修农；所以他的农业知识以科学为底，有可理解性。他要推倒无益而有害的传统种田习惯和迷信。

- 兄弟二人商量如何种田。弟弟很耐心地为哥哥仔细解释新种田方法。当然，哥哥肯接受弟弟的意见。二人欢欢喜喜地采用新式的、用科学知识为底的方法来种田。
- 最后一场，观众可以看见这片子传达的音信：运用以科学为底的新知识来改良传统的方法！
- 用新方法省下来的时间：哥哥有工夫坐在椅子上陪妻子谈话，看孩子做功课。弟弟陪着女朋友坐在草地上，背靠着杨柳树，对她唱情歌。

- 金陵大学理学院，在学仁、潘澄侯和孙明经手下，开始拍摄无数教育影片。学仁和潘澄侯另外有其他工作，所以教育影片的责任，就大都放在孙明经双肩上。

- 1987 年学仁谢世。颖保叫我特别去北京亲自告诉孙明经。

- 1987 年 6 月 14 日孙明经在北京写道：

  - 魏学仁是献身于我国科学现代化建设的打前站的战士！
  - 魏学仁是我国科学教育的前锋！
  - 魏学仁是我国教育电影事业和电化教育事业的先驱！[1]

---

[1] 孙明经：《前辈老校友魏学仁博士》，载《金陵大学建校一百周年纪念册：1888—1988》，南京．南京大学出版社，1988 年版，第 180 页。

世界第一部彩色日全食电影

· 如果说《农人之春》代表金陵大学农、理学院领导和其他机关的成就，另一部影片的功劳就一定要属于学仁个人了。

· 《日全食》是世界第一部用柯达彩色胶片制作的电影，1936 年 6 月 19 日在日本北海道岛，学仁个人亲手拍摄的。

· 现在国内研究电影历史的学者不太清楚学仁对电影界的贡献，不过他们都晓得世界第一部彩色日全食的电影是一个中国人摄制的。在北京成立的中国电影博物馆在 2007 年开幕不久以前，负责人知道世界第一部彩色日全食电影是学仁拍的。他们找人问我要一张学仁的相片，我也趁此机会提供了一份学仁的成就表。

· 1936 年 6 月 19 日那天东北亚有两个地方可以观察日全食：苏联西伯利亚的海参崴和日本北海道一个小村庄枝幸村（Esashi）。

· 中国天文学会送了两支观测队去北海道和海参崴。学仁接受学会的聘请参加了去北海道的中国观测队。观测队的任务之一是"摄取电影'以增进民众知识'"[1]，刚好配合学仁在金大拍摄科学电影的目标。那时学仁已是天文学会会员。他拥有物理学博士学位，专业研究方向是光学，博士论文题目是原子能。他是金陵大学理学院院长；理学院和他个人有拍制科学电影的经验。他一定会给此队带来重要和宝贵的贡献。

---

[1]江晓原，陈志辉:《中国天文学会往事》,上海.上海交通大学出版社,2008年版,第42页。

·最近承香港大学图书馆同仁特别机灵及付出精力，找到学仁亲手写的他拍摄日全食影片的经过。[1] 在这份报告上，学仁说：

五月中旬，张钰哲先生[2] 到我家里来，说他准备到俄国伯利去摄取日食照片，并告诉我中国日食观测委员会有意要找我参加观测队。我一向校务忙碌，原来难以分身前往，但是这次日食是我教育影片很好的资料，而教育电影是我近几年来努力的一种工作，所以在公私两面来看，都愿意接受中国日食观测委员会的邀请，参加我国北海道观测队前往摄制日食影片。经费方面由教育部与中国教育电影协会资助。[3]

·这是中国第一次派观测队出国进行科学观测与研究。[4]
·中国北海道日全食观测队成员：
   ·带队余青松（1897—1978），美国里海大学学士，匹兹堡大学天文学博士，南京紫金山天文研究所创办人及首任所长；国际著名天文学家。被命名为"余青松"的小行星#3797 就是他发现的。
   ·陈遵妫（1901—1991），日本东京高等师范学校数学系毕业；1928 年中央研究院天文研究所研究员。上海《宇宙》杂志 1936 年三期日全食专刊的总编辑。
   ·邹仪新（女），1932 年广州中山大学数学天文系学士，1935 年被

[1] 魏学仁：《摄制日食影片的经过》，载《宇宙》1936 年日全食专刊，上海，1936 年 9 月，第 73—78 页。（编者注：见本书附录二）
[2] 张钰哲（1902—1986），1929 年获芝加哥大学物理天文学博士。与学仁同期。二人有同学加朋友的私人交情，所以学仁在家会见他。五妹白蕙告诉我颖保当时也在场。
[3] 魏学仁：《摄制日食影片的经过》，《宇宙》（1936 年 9 月），第 73 页。
[4] 陈遵妫：《中国天文学史》（一至四册），上海. 人民出版社，1980—1989 年版，第 974—1002 页，第 999 页，注 6。

中山大学天文台派往日本帝国大学学习；回国为中山大学天文学教授，兼该校天文研究所所长。

· 沈璿（1899—1983），1925年东京帝国大学数学物理系毕业，会英、法、德语；上海自然科学研究所研究员；1934—1935年柏林大学研究员，1936年回上海路过日本，顺便加入了北海道的日全食观测队。

· 魏学仁，美国芝加哥大学物理光学博士，金陵大学理学院院长、物理系教授；力推教育电影，有摄制教育电影经验。

· 冯简，1913年入读南洋公学[1]，1919年电气机械科毕业，美国康奈尔大学（Cornell University）无线电通信工程硕士，德国柏林大学博士；1936年为北平大学工学院教授。

· 观测队其他五位成员都是天文学家。学仁虽然没有专修天文学，不过他深知天文数学，了解日全食现象；也是此队唯一有拍摄制作电影经验的人。他又带了金大的摄影机，能亲手拍摄电影、换胶片。除此之外，有其他专家帮忙计算在换胶片时月亮走动的距离，等等。

· 学仁的报告将他的使命说得十分清楚。他的责任是摄制日食影片。"日食的种种现象以及原理，如关于日食时间的测定、日冕、日辉的变化，用电影来表示是最适宜的。"[2]

· 学仁也有另外的目的：五年以后，日全食要经过中国，观测队的科学家"希望这套影片可以唤起我国民众尤其是科学界人士注意该年的日食，并且从速联合起来，作观察及研究的准备"[3]。

---

[1] 编者注：南洋公学为西安交通大学和上海交通大学等前身。
[2] 魏学仁：《摄制日食影片的经过》，《宇宙》（1936年9月），第73页。
[3] 魏学仁：《摄制日食影片的经过》，《宇宙》（1936年9月），第73页。

北海道 1936 年 6 月 19 日中国日全食观测队成员
从左至右：冯简，魏学仁，沈璇，邹仪新，陈遵妫，余青松[1]

- 观测队 6 月 10 日离开南京从上海乘船到东京。
- 除了私人的行李以外，观测队带的有：参考书籍，借来的帐篷，好几架望远镜，学仁的三座摄影机（其中之一是从上海一家德国公司借来的 35 毫米摄影机），胶片，三脚架，等等。大大小小，一共十几件。
- 学仁的行李中最重要的是摄影机和特别的"摄远镜头"。
- 他在报告上说：

设置日食照片或电影，皆须应用摄远镜头（telephoto lens）。我国市场中所有的最大摄远镜头，为柯达公司之 F4.5 之六寸镜头。这种镜头是专为小型影片即十六毫米影片用的。所幸十六毫米影片乃教育影片的国际标准，我国民众教育普通所用的电映放机，也是十六毫米的。所以我们就决定用这种摄远镜头。至于摄影机，是用柯达公司特式的（Cine Kodak

---

[1] 图片来自江晓原，陈志辉：《中国天文学会往事》，第 42 页。

Special），这种摄影机式样精巧，机构灵敏，切实我们惯用的老牌子。[1]

· 观测队 13 日晚上到达东京。第二天去北海道，到他们的目的地点，一个名叫枝辛村的小村庄。没有想到的是此地风大，摄影机的三角架不够强。找本地一名木匠另外做了一座粗大的木架。做好发现角度不对。临时又买不到分度规，"眼看彩色影片就没办法拍了"。[2]学仁想得快，想出一种折纸法：拿一张方纸，靠着规定的角度来折，最后得到的角度"居然不错"。[3]他说：

这次观察队在日本北海道枝辛村，地方颇小。其实当地风大，有异国摄影的三脚架太软不能经风，必须设计另做一具木架。太阳全食时的高度是 39 度半，木架必须照这个角度倾斜。可是在偏村都寻不出一只分度规，角度无由确定，眼见彩色影片将有不能摄取的危险，未免令人心焦。后来想到一个折纸法来救急，其法如下：取方纸一张，将直角折分为两等角各为 45 度，再将其中一角等分为 22½ 度，再一同法继续分下去可得 11¼ 度，与 5⅝ 度等。从 45 度减去 5⅝ 度得 39⅜ 度，其大小与太阳全食时之高度，相差不过 1/8 度，用这方法将角度确定，结果居然不错。[4]

· "日食时太阳果然向摄影机的中心线前进，至全食时太阳果然在视场中心。"[5]

---

[1] 魏学仁：《摄制日食影片的经过》，《宇宙》（1936 年 9 月），第 74 页。
[2] 江晓原，陈志辉：《中国天文学会往事》，第 43 页。
[3] 江晓原，陈志辉：《中国天文学会往事》，第 43 页。
[4] 魏学仁：《摄制日食影片的经过》，《宇宙》（1936 年 9 月），第 75 页。
[5] 魏学仁：《摄制日食影片的经过》，《宇宙》（1936 年 9 月），第 75 页。

· 学仁加入观测队的任务，就完成了。

· 学仁拍摄 16 毫米的彩色电影，还有其他同队拍无色（黑白）电影和照片，
  都十分成功。

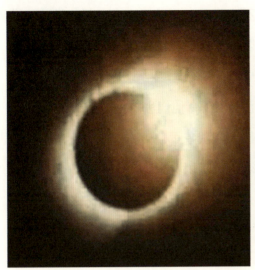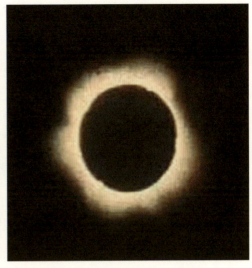

《日全食》电影截图
日全食过程中最美丽的"钻戒环食"景象（左）、彩色日全食的景象（右）

· 学仁说他拍这套片子的目的是要让大众能看见这自然的现象。他说："不
  是每一个人都能亲眼看见日食，但是每人都能看日食电影！"尤其学仁
  在银幕上将日食的现象讲得清清楚楚。

· 电影摄好后，学仁将《日全食》彩色影片交给东京的柯达公司带到美
  国去冲洗。开始柯达并不了解这是什么，后来发现是拍在柯达彩色胶片
  上的日全食，极兴奋。十年以后学仁和颖保去罗彻斯特参观，柯达公司
  及老板私人都很客气地招待他们。

· 1936 年的日全食在苏联西伯利亚的海参崴也可以见到。所以世界上的
  科学机构一定也送专家团队去观察。我花了不少时间寻找关于其他团队
  的数据。发现中国送了一队，美国送了至少两队天文学家去观察此次日

食。[1]

· 1936年日食发生在6月19日。当年4月一份《大众天文学》（*Popular Astronomy*）杂志已经发表美国两队去北亚观察日食的天文学家名单：一队来自麻省的哈佛大学天文台和麻省理工学院天文台；另一队来自华盛顿佐治城大学天文台。至少一队带了极优质的摄照仪器，有长镜头，不过没有提他们是否也带了彩色电影胶片。

· 其实他们与学仁那样的成就完全没有关系，他们去西伯利亚，那天下雨，连太阳都没有看见，更不要提其他天文现象了。

· 记得有一次我问学仁："你的影片很成功，在海参崴拍的一部有没有结果呢？"

· "噢，"学仁说："说起来也很可惜。那天那儿下大雨，又是满天雾；他们什么都没有看见！"

· 我又问："有没有别人在你去的地方拍电影？"学仁说："有一队日本人，另外也有欧洲来的别的队伍，不过他们用的是黑白片子。"

· 下面是一篇称赞学仁这次成功的文章，《摄影机演自己的角色——中国通信》（无作者姓名）：

我们一定需要为我们自己的魏学仁博士（感到）十分自豪。他手持一架特别修饰过透镜的摄影机，[2] 于本年六月十九日在日本北海道拍摄了一部《日全食》的电影……他极慷慨地花许多时间做各种工作。就拿今天来

---

[1] Donald Menzel and Paul McNally, "The Total Eclipse of the Sun on June 19,1936", *Popular Astronomy*, vol 44:4（Apirl 1936），pp.175—179.

[2] 这就是学仁和孙明经二人手制的玻璃透镜。

说：他是南京鼓楼教堂的董事长；又是芜湖学校的董事长，中华中学董事。金陵大学校长现在休假，魏博士为该校行政委员会主席，等于是代理校长。

魏博士是金陵大学毕业生，他的成绩之优是无人能比的。他又是辩论家。（他是马克斯教授培训的当时极有名辩论队的队员。）魏博士的博士学位是从芝加哥大学获得的。他在芝加哥成绩亦很惊人。中国几所公立大学几次都想聘他，不过每次他都拒绝这些诱惑的请帖，因为他情愿留在母校，……他最近为我们教会帮大忙的一件事是组织和拍摄我们的电影。你们不久就会看见这部电影了。他又派下面一位专家帮我们制作教育电影。魏博士受国家邀请今夏去日本观察日全食。

魏博士在日本两个星期；在北海道枝辛村拍了两部十分精彩的日食电影：一部是用普通黑白底片拍的《日全食和半日食》；另外一部是用柯达彩色底片拍的自然彩色的《日全食》。我们知道这两部电影是空前的。这是世人第一次用电影和彩色影片记录日全食。魏博士现在整理此片。科学技术界人士已经在排队等着看此影片，用它做参考数据来预备观察1941年的日全食。

魏博士想法如此：教育电影是为中国现代化最有用的工具之一，所以他全心专意的提倡教育电影。他制造的影片在全国放映，对大众教育贡献不少。金陵大学理学院，在魏博士领导之下，与国家政府和商业界的私家机构在全国合作放映教育电影，观众每月达到十万多人。理学院已加入国家教育部的500,000元计划，开立暑假的特别班替国家训练和培养无线电和电影技术人员。此班有从全国各地来的146名学生。教育部邀请全国四所大学制作教育电影，金陵大学理学院为其之一。[1]

---

[1]《世界之声》，1937年。

- 1909 年美国将清政府 1900 年庚子赔款一部分退还给中国，几年以后英国也仿效。[1] 条件是中国政府用退回的钱建设"庚子赔款奖学金"，送中国大学毕业生去英美研究院读硕士和博士课程和学位。这些留学生回国后为国家现代化做出了巨大的贡献。当时，除了教会所办的大学以外，中国高等学府毕业生英文程度都不够。所以在北京开了一所"庚子赔款奖学金肄业馆"替要出国的留学生补习英文。

- 1911 年肄业馆改名为清华大学，其职责有出考试题目、改卷子和批分数、选奖学金学生，等等，权力就完全抓在清华大学教职员手上。[2] 结果可想而知，差不多所有由此奖学金出英美深造的学生都是清华毕业生。不说腐败，清华管理的这个制度过了多年也已经大多无效。

- 1936 年金大校友杭立武博士为教育部负责人，接过管理庚子赔款奖学金的任务。杭部长要改良选择留学生的制度和方法，将此责任交给金陵大学。表示考试、出题、改卷和选择留学生的责任，就放在学仁身上。

- 二十世纪七十年代，学仁已经退休，有时间跟我慢慢谈，告诉我他如何处理这项工作。当时正巧我在研究中国传统的考试制度，所以对这题目已半知八解，因此对它极有兴趣。

- 学仁说他采用传统考试制度的方法：
- 所有要参加庚子赔款奖学金考试的大学提名他们合资格的毕业生，替他们报名。
- 每一个考试的学生在报名时发给一个号码，姓名和号码立刻封起来；整个考试程序完全用号码，没有人知道做那份卷子的学生的姓名。

---

[1] 庚子赔款原来数目是 4.5 亿两（当时等于 6750 万英镑，或 3.3 亿美元）。
[2] 吴征铠：《我的一生》，北京．原子能出版社，2006 年版，第 12 页。

- 考试和批卷的这一段时间，所有考试教授、职员和学生都被关在考试院子里面，不许跟外面通消息。

作者与吴征铠教授合影 2003 年
魏白蒂收藏

- 如此，由庚子赔款奖学金出国留学的学生就不完全是清华毕业生了。[1]

- 初届如此出国的学生中有吴征铠教授，中国早期原子能大将之一。他深造于英国剑桥大学。这是 2006 年夏天我在北京，趁机会拜访吴教授时他亲自告诉我的。[2] 吴教授告诉我他去剑桥的故事。他虽然主修化学，一直对原子能极有兴趣；当时有名的获得诺贝尔奖的原子学家都在芝加哥大学，他极想去芝加哥，可是没有适合的奖学金。学仁就告诉他，看他的成绩和研究兴趣，他应该申请庚子赔款奖学金去英国剑桥大学。所以他就去了英国。又告诉我，他一辈子都感谢学仁替他开了这扇门。

- 杭立武伯父告诉我另外一位有名的人士，"也是从你父亲手下考到庚子赔款奖学金去英国的"。这位名人就是香港大学二十世纪七八十年代校长黄丽松博士。

- 刚好我那时在香港大学，杭立武叫我去见黄校长，告诉他我是魏学仁的女儿。当时我是一个无名学生，没有听他的话去麻烦校长。

---

[1] 吴征铠：《我的一生》，第 12 页。
[2] 同上。

1937

· 学仁三十八岁。

· 最小的女儿魏白蕙 3 月 29 日生在南京鼓楼医院。学仁说："又是一个丫头"；学仁和颖保已经有三个女儿，又生一个，太多了。其实是笑话，叫惯了就变成五妹的小名："多多"。英文名就叫 Dorothy。她属牛。

逃难

· 7 月 7 日"卢沟桥事变"，日本借口进攻卢沟桥，发动全面侵华战争。抗日战争全面爆发。

· 8 月日本陆军由金山登岸，直攻上海。日机轰炸上海，连租界在内。[1]

· 日机加强轰炸首都南京。学仁把颖保和我们送到仪征乡下避难。仪征在长江北岸，我们要从下关码头渡过长江。

· 11 月日本军队已在各地犯下残暴罪行：杀人、强奸、抢劫，等等。国民政府决定西迁，入四川在重庆定都。重庆自古以来已经是长江港口，所以本地人都会做生意，不过好像他们从来没有听过"现代化"这个名词。

· 华东、华北的高等学府随政府西迁到重庆的有中央大学、交通大学、南开大学和金大理学院一部分——教育电影部和电机系的三、四年级。

---

[1] 请参考 Betty Peh-t'i Wei, *Shanghai: Crucible of Modern China*, New York: Oxford University Press. 1987, p.245.

其他理学院各系搬到成都。除金大以外，迁到成都的有金女大。迁到贵州的有清华，等等。这些大学定校以后，它们的附中也随地开班。

· 教育部负责搬迁这些大学，包括人员（学生、教授、职员、家眷）、图书馆书本和实验室仪器。

· 学仁的老朋友同学杭立武，当时在教育部负责疏散教育机关去内地。他1990年在台北告诉我，他当时分派三条专行长江的轮船给理学院的记事。

· 同时，学仁开始计划理学院西迁。载教授、职员、家眷和学生，也带图书和仪器。[1]

· 差不多所有能离开南京的教职员和家眷都跟着学校西迁。

· 第一条船名为长沙号；载学生、教职员和家眷，直行武汉。我不知道第二条船的号名，大概也载学生。第三条船名为宏通号，载图书仪器。

· 每一系带了1/2到3/4仪器。（学仁说："可惜未能带让理学院能有收入的金属修理工厂和蒸馏水工厂的机器。"）

· 1988年我和外子在台湾，杭立武博士告诉我以下一段旧事：他和学仁自同学时开始，两人做朋友几十年，知道彼此的脾气。杭博士晓得学仁总是先为公家想，将私事放在最后。所以船分配好时，他打电话给学仁，说："我替理学院预备好三条船：不过我有一个条件。如果颖保和孩子们不先上船，你就得不到这几条船。"学仁说我们在仪征，杭立武说他叫学仁派人去仪征接我们；他的汽车在下关码头等，把我们直接送到轮船上。这件事情我想学仁一直没有告诉颖保。所以我几十年以后，才晓得这些实情。

---

[1]张宪文主编：《金陵大学史》，南京．南京大学出版社，2002年版，第203页。

·船离开码头时，日本飞机已经在不停地轰炸南京。李佛续——台湾人，物理系毕业生，当时在物理系任助教——在他1988年回忆录上记载："敌机不断轰炸声中连同师生及教职员眷属匆匆挤上该轮，开往汉口。"[1]

·当时，已经怀胎四五个月的颖保，带了五个七岁以下的孩子，没有预先通知匆匆忙忙地离开仪征，没有回南京的家，也没有见到学仁，就上船了。我那时才满七岁，所以还记得一些事情。我们后来，也曾听颖保回忆我们逃难经过，所以终生不会忘记的。

·学仁和颖保一直想要多几个儿女。就是他们从来没有想到会有这么艰苦逃难的情形。颖保一定没有带女佣，不过下关娘娘和舅舅一定是跟我们一起走的；因为我记得他们后来在重庆。所以他们一定是和我们一起去仪征的。

·学仁的姐姐当时不在南京，所以没有跟我们在一起。

·学仁因为是总指挥，船又挤，到第二天找到我们船厢，跟我们见面；妈妈才知道他在我们船上。当时她着急的心情，可想而知。

·我们离开南京还算是早的。我们也很幸运，因为金大有教育部派给的船只。岸上挤满难民，都想挤到船上。理学院的人倒是无声无响，只听学仁指挥，大声叫理学院众人到这儿、做那些，有条有理，才把他所计划的事情实行完整。

·学仁是最后一个登长沙号的人。大小事都要他决定，然后分派给其他教师、职员或学生做。妈妈说一定是上帝在保佑，他才上到我们在的那条船。

---

[1]李佛续：《母校西迁记》，载《金陵大学建校百周年纪念特刊》，台北．金陵大学校友会台北分会，1988年版，第373—380页。

· 虽然船上人挤，但因为教职员和学生能保持规例，样样十分顺利。船上没有一寸空地，走廊楼梯都挤满了人，菜饭都放在木桶里用绳子从厨房往上送；在路途上没有人偷或抢吃。其实所有在船上的人都是理学院的，没有人会做无礼的事。学仁在场，也没有人敢。

· 为预备往长江上游的行程和到重庆以后的安排，金大人员在武汉又待了下来。李佛续记："理学院借住武昌华中大学体育馆十来天"[1]，后来又搬到实验室去。

· 我们在武汉待了一个多月。学仁租到几条可以走三峡的船，又雇到军队保护运输图书仪器的船，才得以离开武汉，从宜昌入三峡，然后直航重庆。

· 除了学仁和留在重庆的两个单位，金大本身，包括理学院一大部分，都搬到成都华西坝四川大学的校园。[2]金大校友杨家骐回忆金大在重庆设分校的原因："由于当时重庆的工业较为发达，对教育实习有利，所以金大理学院的电机工程系及电化教育专修科、汽车专修科等班次，就由理学院院长魏学仁领导，留在重庆上课"。[3]

· 其实还可以用另外一种眼光看。战争时期，学仁和几个留在重庆的国家机关合作，共同抗敌。（详情请看下章）

· 我们还没有到达重庆，南京就已经沦陷了。

---

[1]李佛续：《母校西迁记》，载《金陵大学建校百周年纪念特刊》，台北．金陵大学校友会台北分会，1988年版，第373—380页。

[2]学仁在成都也有办公室。现存于南京的历史档案馆中的学仁档案，就出自成都办公室。

[3]杨家骐等（金陵大学成都校友会）：《迁蓉的金陵大学》，载《抗战时期内迁西南的高等学校》，贵阳．贵州人民出版社，1988年版，第276页。

· 杜顿（Tilman Durdin，1998 年卒），美国人，《纽约时报》驻华总记者，是最早公布日本人在中国残忍行径的外国记者之一。12 月南京沦陷时，杜顿刚好在下关，预备登船从南京去上海。他亲眼见日本军队攻占雨花台，掠夺、强奸、枪杀战俘和老百姓。他在给《纽约时报》的通讯中写道：

本记者才要登船去上海时，日军抵到南京。我亲自看见他们枪杀两百多中国战俘。杀这么多人只花了不到十分钟。日军逼这批无武器的战俘背对着墙，枪毙所有的人。他们倒在地上以后，日本军人再"吊儿郎当"地巡看一次，如果他们以为生命还在的话，再开一枪。日军在南京、上海两城市杀死战俘和民众、掠夺民居这种野蛮残忍的大规模行动……[1]

· 我完全记不得我们经过三峡，我也记不得学仁和颖保他们谈说我们逃难时的心情。颖保有时讲讲我们逃难时的事情，不过从来没有听见学仁回忆他在这段时间的经历。幸好有其他金大同仁和学生的记忆，才得以知道当时我们难民生活的情况。黎承萱，1937 年金大二年级女学生，在 1982 年回忆她当年随金大西迁的情况。
· 黎承萱当年暑假后回校，大约是 9 月底、10 月初。那时日军已在上海金山登陆了。她父亲已经想到她会跟着学校迁移内地。所以除了 300 元平时给她在学校的费用以外，又背着继母给了她已故母亲的一包首饰，告诉她需要时可兑现款补用。黎同学写：

---

[1] 杜顿数据现存加州大学（圣地亚哥）Mandeville Special Collections Library（MSS 0095）。有些资料已经上网（Google："Tillman Durdin"）。

到南京的那天上午，正碰上日机大轰炸……耳朵里只听见一阵一阵轰炸机的响声掠过，跟着轰隆轰隆的炸弹声、高射炮声，响成一片。二十六年（公元 1937 年）的南京，已是深秋的季节了……学校包好船只，先几天就把仪器图书搬上船去，然后行李箱笼。教职员眷属学生是在一个有雾的清晨陆续出发的……那天天气很冷……虽是下午，竟像夜静更深……没有声息。[1]

· 在武汉，后来在宜昌，每天过的日子也还正常。女学生借住在华中大学女生宿舍，三人一房，设备与南京金大女生宿舍相比，"既华丽又宽大"[2]。但是学生没有想到他们应该上课，也没有旁听华中大学的课。他们的时间好像完全花在游览附近名胜和吃小馆子上。

· 这样过了一个月，学生们登上一条小轮船，走过三峡，沿长江上溯。到重庆那天，1938 年 1 月 31 日，刚好是春节。[3]学校租了大汽车将他们送到成都。黎承萱说她自己好吃，成都小食有名，所以她很得意。[4]

· 学仁派李佛续保送仪器从宜昌到重庆，再乘小船过三峡。从李佛续的记录来看，行游并非安安稳稳、平平静静，他已经知道学仁派给他的不是简单的差事：传说"蜀道难，难于上青天"。船员大半吸鸦片，另外还有土匪之忧。

---

[1]黎承萱：《金大四年》，载《金陵大学》，台北．金陵大学校友会台北分会，1982 年版，第 247—248 页。

[2]同上，第 249 页。

[3]同上，第 251 页。

[4]同上，第 251 页。

进入三峡之后,河谷渐窄;两岸山势峻峭,远处峰峦重叠,高峰冲入云霄,风景绝佳;但江流湍急,逆水行舟,单靠风力难以前进,需要辅以人力或全用人力拉纤上行。[1]

---

[1]李佛续:《由宜昌到重庆——护送理学院图书仪器入川》,载《金陵大学建校百周年纪念特刊》,台北.金陵大学校友会台北分会,1988年版,第452—453页。

第 五 章

1938　1945

重庆；抗日战争与第二次世界大战；电池发明促使西南农村发展及公路交通状况改善；开办汽车和电机工程训练班

1941 年 12 月 7 日，日机轰炸中立国美国夏威夷檀香山的珍珠港，美海军太平洋军舰几乎全部被毁灭。美国加入抗德意日"轴心"的英法"同盟"；从此抗日战争就并入第二次世界大战。学仁在重庆，和政府合作尽力为国家抗日；又用他发明的电池开发西南，供应云南贵州山地和四川偏远地区的水电。1938 年世界外交政治人士访渝，又有英美专家和国际新闻记者驻在这个抗日期间的陪都，其中有人也带来了他们的家眷。"珍珠港事件"之后，住重庆的非传教士外国人更多。重庆山地生活条件十分苛刻，外国人很想多交中国朋友、了解中国文化，但是他们不懂中文，只能跟会说英文的中国人来往。当时在重庆会说英文的中国妇女更少，所以颖保的交际范围就扩大了。学仁太忙，又对政治外交毫无兴趣，最多也只和相关学者来往。不过他的工作给了他和政府机关合作的机会，政府领导得知了他的名声与才力。原子弹解决日本问题之后，国际控制原子能成为新建的联合国宗旨之一。政府聘请学仁为中国代表团科学顾问。从此学仁颖保和我们全家侨居美国，生活作风完全改变。

1938

- 学仁三十九岁
- 次子魏白荪 3 月 7 日生在重庆上清寺求精中学院子里的宽仁医院。属虎。英文名 Donald，小名弟弟。

- 1938 年 1 月下旬，学仁、颖保带着我们、理学院的学生、教职员和家眷，坐船从武汉经过三峡达到重庆。

- 重庆位于青藏高原与长江中流平地之间，在嘉陵江入长江交流之口。地形完全是山坡，没有平地。[1]

- 才到重庆时我们住在长江边一座典型的四川式民房，等待学仁安排比较长

重庆扬子江和嘉陵江交汇处岸上的民房
图片来源：english.people.com.cn/
english/200104/27/eng20010427_68785.html

期的校址和师生住处。这所民房离十八梯码头不远；没有电，没有自来水，更没有卫生设备。颖保对这种欠缺现代设备的屋子没有反复抱怨；她要立刻解决的最紧迫问题就是已在这座房子长期定居的一窝老鼠。颖保是一位有本事、思想又快的人；她马上买了十几个水桶和水盆，放在桌子腿、椅子腿和床腿下面。老鼠淹在水里，就爬不上来麻烦我们了。

- 才到重庆的时候，理学院搬进去的房子一部分是向教会在重庆办的求精中学借的。求精中学在上清寺地区，学校院子很大，有教堂、医院，也有中学和一所小学。因为轰炸，所有中学的师生都被疏散到郊外，所以能将房子借给金大和另外几个机关：如妇女指导委员会和经济委员会。

- 三年以后，珍珠港事件爆发。美国空军也搬进求精院子。那时理学院

---

[1]重庆的确没有平地。它是全国唯一很难见到单车（脚踏车）的城市。在二十世纪三十和四十年代在扬子江和嘉陵江交汇的地方可以看得出哪一条是扬子江。扬子江的水是黄的颜色，嘉陵江水是绿的。1980 年，我自离开以后第一次回来参观重庆，发现两条江水都是黄色的。

已经有了一座几层楼的房子。

· 这座房子是学仁和杨简初、计舜廷两位教授共同设计建造的。他们三人处处分工合作。颖保替他们起了一个古罗马时代就时兴的抬头"三巨头"。

金陵大学理学院重庆校址（二十世纪四十年代早期）
孙明经拍摄
孙建秋收藏

· 这房子里面有办公室、教室、实验室、教授和学生宿舍。

· 1990 年我陪外子刘孟达去重庆。刚好孟达去拜访重庆市市长，重庆的旅行社就派了一辆旅行车和一位导游陪我去参观重庆名胜。我在重庆住过十年，有名的五百罗汉我已经见过起码有"五千"次，所以我请导游带我去求精中学校园看一下。幸好我去了，因为有人正在拆理学院的房子。我拾了一块砖头；回来后，女儿道美替我做了一个套子包住这块砖头，我就有了小时候住的重庆的一个纪念品！

· 以前在南京住过的基督会女传教士，Edna Whipple Gish 夫人，抗日战争开始时回到美国；在 1943 年又被派到成都。她路过重庆，在我们家吃饭。那时我们就住在理学院的房子楼上。

· Gish 夫人写了一篇文章，称赞学仁和颖保在重庆的服务工作。

我去成都时，路过重庆。十分幸运，能得到魏学仁博士和夫人的招待，在他们家吃了一顿便饭。1925 到 1928 年魏博士曾在芝加哥大学深造，回国后就任金陵大学理学院院长。现在学校迁到成都，但是理学院一部分留在重庆。魏博士和夫人就在此地做他们优秀的社会服务工作。

魏博士和夫人，带着他们的孩子，住在学校楼上两间房间。金大这座楼是在美以美会一所中学校园里造的。因为日本不停地轰炸，重庆的中学都疏散到郊外去了。在魏家房间里面只有几件必须用的家具：一张饭桌，几张椅子，几张极简陋的床，和一些手提箱子。轰炸警报一响，每一个孩子都知道哪一只箱子是他的责任，提到防空洞里去。魏博士和夫人有六个孩子，五个生在南京。六岁的小儿子，是在重庆生的。[1]

· 一直我就觉得这个人的态度有些问题。她选的形容词，"简陋"的床，根本没有想到我们那时常常受日本轰炸的苦难。除每年需要搬家几次以外，家具和其他物品时时破碎要换。那时又通货膨胀，能有地方睡，已经够幸运了。

· 记得有时轰炸时我们姐妹同睡在一张床上，你踢我、我踢你的淘气。

---

[1]Edna Whipple Gish, "Chinese Christian Couple Do Outstanding Work", *World Call* (April 1944), p.34. 这位作者将弟弟的岁数都弄错了。弟弟 1938 年 3 月生的，1943 年 3 月他才满五岁。

不过从来没有觉得我们的家具"简陋"。这也是欧美传教士在别人国家的问题：随便他们口上说什么，到底还是不了解亚洲或非洲的生活习惯。中国床与美国床不同，世界上其他所有古老文化也没有现代欧美享受的那种床。一块木板，上面放一张褥子，就是床了；不能跟欧洲中古的羽毛褥子比，更不能比差不多一尺厚的褥子放在有弹簧的垫子上面那么舒服的现代美国床。

· 不过我知道我们的床很结实。我们玩的时候，在学仁和颖保床上跳。颖保休息时间，我们有时也在床底下捉迷藏。有一天颖保宣布她再也受不住我们在她的床下顽皮，叫人把床腿锯短，从此我们就爬不下去了。

· 学仁开始与政府为抗日和发展西南地区服务合作，但是从来没有忘记他的主要任务是金陵大学理学院。他和教育部签订合同开办干电池厂，开始组织的时候，一切好像十分顺利。由金大和教育部信函得知学仁被派作该电池厂委员会委员之一，代表金大。后来因为消费比收入大得太多，而且锌原料的来源太难，在 1941 年停止生产。不过金大未停止对蓄电池的研究，完全用国产材料，又注重电池的电量及耐久的蓄电性。这就是后来的湿电池。

· 理学院大部随学校在成都华西坝。在成都也有院长室，由化学系的李方训教授为副院长。
· 电机工程系和电影教育部分设在成都和重庆。
· 理学院在重庆和成都又开了二年制的电化专修科和汽车专修班，培训学生掌握专门技术。
· 这两班非大学本科，毕业生只拿文凭，不得学位。
· 这两班学生除金大在重庆和成都自己招生以外，日军未占领的几省——

云南、甘肃、西康[1]、广西、贵州、陕西及四川——每年每省保送两名学生。每名学生 5,000 元的经费由教育部津贴补助。[2]

· 电化专修科是理学院已经办理了二十几年的学科。汽车学倒是新的。学仁以为汽车修理与驾驶和推行电化教育有紧密的关系。开车一定要懂得汽车是怎么制造的。开车又一定需要具备养护和修理汽车的能力。

· 除了本科的技术以外，学生还要学习下列课程：国文、英文、数学、物理、化学、金工和机械制图。

· 其实，有人反对开这种专修班，说这种专业技术训练与金大的人文科学教育没有关系。而且它们又不在学位课程以内。学仁当然赢了这场辩论。尤其在他的论据之中有"爱国精神"和"抗敌努力"等名词。董事会就答应开办这两班了。两班办得完全成功。

1939

· 学仁四十岁

· 国民政府刚迁到重庆，日本飞机就开始轰炸。

· 重庆周围有长江和嘉陵江两条水，四围又有山地。气温高，潮湿。每年一百多天有雾，只有 5 月到 7 月没有雾，所以这几个月日本飞机轰炸重庆，日夜不停。

· 下面一段文章是美国新闻记者斯诺（Edgar Snow，1905—1972）写的：

---

[1] 编者注：民国时期及中华人民共和国成立早期的一个省，今为川西及西藏东部地区。

[2] 1941 年后因物价高涨，每年教育部补助经费 32,400 元。而该年预算有行政费 3,600 元，薪工费 15,360 元，实验校耗费 7,500 元，火酒汽油等费 3,000 元，宿舍费用（水电房租修理）5,000 元，设备费 10,000 元；合计为国币 44,460 元整。

重庆是一个又热，又潮湿，又脏，又乱的地方。从别地搬来的政府，尽力想引进一些稍微现代化一点的建筑技术。但是无数的房子在5月和6月已经给敌机炸毁了。日本空军最喜欢有月光的晚上，因为他们驻武昌汉口的飞机可以跟着银线一样的一条扬子江直到嘉陵江；在两江交口之处，就知道他们到了重庆。重庆这城市没有防卫的空军，也没有高射炮。不过有极好的自然山洞。虽然如此，据说三分之一的老百姓还是没有地方去逃避轰炸。[1]

· 斯诺记者所说的防空洞可以算重庆抗敌防卫设施之一。重庆山地坐落在水成岩上面；山地有自然和人工挖的山洞；将山洞去水后，用学仁的电池装几盏灯，摆几张木板凳，就变成防空洞了。

· 理学院在山坡上，山坡有几个天然山洞，学仁派人又挖了几个山洞。幸好这些洞没有太多水，很容易装设成防空洞。

· 这些防空洞除了对金大在重庆的学生、教职员和家眷来说够用。另外还可以容纳外面的客人，其中之一就是我们上一章提过的美国《纽约时报》的记者杜顿，带着他的夫人和他们的小宝宝。有一次杜顿正在采访在重庆和国民政府会谈的共产党代表周恩来。警报一响，杜顿就将周恩来带入了我们的防空洞，跟我们在一起几个小时。我记得大人们对周恩来的印象极好。

· 这些山洞解放以后还存在。八九十年代四川人口增加，居住地方不够，有人住在山洞里。我1990年去重庆，想看看我们以前住的房子；我走

---

[1] *Lonely Planet Guide to China* (2000), Lonely Planet Publications, p.853. 这篇无日期的文章多半写在"珍珠港事件"爆发以前，那时美国空军还没有开始保护重庆。

下山坡，发现我们曾经躲轰炸的山洞还在。看得出有人在洞里居住，还有小铺子，又看见一个男人在洞门口卖香烟。他们卖香烟不是一包一包的，而是一支一支的卖。

- 1939 年是轰炸最高潮的时间。有一次警报初响的时候颖保不在家，不过她赶回来，带我们下了防空洞。另有一次从江对面一颗子弹擦过她头皮，幸好没有受重伤。

- 我们住的房子被炸多次；有时我们还可以将就住下，有时要去房子未被炸的朋友家借住几天。如果房子几天之内不能修理好，学仁就要想办法另外寻找住处了。要记得：学仁的责任除了我们一家大小，他还要关心学校的学生、教职员和他们的家眷。

- 有一次，我们房子被炸，当晚下雨，水漏到房间，除了我之外，没有人能睡着！第二天，学仁在求精附近租到一座旧式民房，把我们搬进去。

- 汽车和电机专修班开始以后，学生人数越来越多，更难替他们找住宿的地方。幸好学生要求不苛刻，只需要地方，不一定要有舒服的家具。

- Gish 夫人在 1943 年关于学仁颖保的一篇文章里面，提了我们都知道的事；几十年以后我还记得清清楚楚。每一次航空警报一响，我们"寒毛立正，细胞跳舞"，马上拿着派给我们提的箱子或包裹，跟着颖保，往防空洞走。

- 1993 年四妹白华和我参观求精校院。她回忆她当时的任务是提一只小箱子；箱子里面装了学仁和颖保的图章。她那时才四、五岁，已经知道图章的重要：没有图章，中国文件是无效的。

- 轰炸期间，吃饭没有一定时间。去防空洞的时候，总有人负责带食物和茶水。颖保叫这种不定时开的饭为"流水席"。最受欢迎的是可以冷吃的素菜和馒头。

· 日机轰炸高潮历时四年，1941 年年底美国加入战争以后，重庆就有美国空军保护，轰炸和防空洞就不是我们每天的生活经历之一了。

· 在防空洞里，没有电，只有油灯。灯光不好，我们不能看书、做功课和练习写字，所以学了折纸手艺。到今天我只会折猴子，大妹白莉手巧，什么都会。

1940

· 学仁四十一岁

· 颖保被实际情况逼得自己在市区创办了一所中学。

· 我满十岁；因为我四岁开始上小学，与我同年的还在上小学五年级时，我已进入初中。重庆的中学在轰炸下，全都被疏散到郊外，所以学仁和颖保送我去沙坪坝的南开中学住宿。

· 现在想起来我住宿的经历的确是十分可怕。我年纪太小，不应该离开父母。其他十二到十八岁的同学都比我成熟，身材也比我壮；他们做人处事的能力，都比我强。吃饭好像是比赛，看谁抢得多。饭还可以，可我根本抢不到菜。每次回家颖保给我一小瓶酱油，一小罐猪油；叫我拌在米饭里，说至少我可以得到"一点味道，一点油水"。现在回忆起来好像十分可怜，但那时倒也没有觉得有如何稀奇。

· 我记得睡觉的宿舍还可以，至少床位是入学注册时就固定的。我的床位在窗子下，躺在床上可以看见松树竹林。

· 不好的一点就是床上有臭虫。每次回家颖保总是叫人把我从学校带回的褥子烧掉，床板消毒，杀死所有臭虫和昆虫。大妹白莉到今天还记得每次我回家颖保总是叫她用药水替我洗头发，用手找虱子和虱蛋。（这种事情我完全记不得！）

· 其实我最怕的还是学校的露天厕所：一块滑滑的木板，放在一个大厕池上。稍不小心，一滑就会跌下去，厕池里面什么东西可想而知。每次我用厕所都怕会跌下去，尤其是冬天。（我忘不了！但是现在回想，我倒从来没有听说曾经有任何人落下厕池。）

· 受了两年"罪"，颖保就决定自己开办一所在市内的中学。弟弟妹妹们就不需要受住宿的"苦"了。

1941

· 学仁四十二岁

· 二十世纪八十年代我在南京，从中国第二历史档案馆保存的学仁写给洛氏基金会的报告中，可以看出他对这几年的成就还算满意。[1]

· 学仁写这份报告的原因：洛氏基金会捐给理学院一批仪器，从美国运到印度，再借用法国救护车，经贵阳转运到四川。

· 报告上面说这份报告是用"航空邮寄"的。[2]

· 学仁用经济委员会的津贴，开始为西南农村进行现代化建设，在四川和云南用电池供应电灯和电力，能让小工业开始发展。

· 在川东长寿山狮子滩一座防空洞用水力发电；在昆明用煤发电，又装电话。这些工作都在《教育电影》上面有记述。

· 孙明经在《前辈老校友魏学仁博士》一文"在川滇拍摄我国初期现代化工业技术"中记：

---

[1] 中国第二历史档案馆 #1246 号档案。

[2] 我猜这份报告不是学仁亲笔写的，英文不够学仁的标准。

四十年代中期，当时资源委员会在川滇等地初建了若干现代工业技术基础设施，主要有水力和火力发电厂与采矿冶炼、机器制造等。

为此，魏学仁和孙明经同往考察并拍摄。这是 1943 年的事。先到了川东长寿在狮子滩一座山岩中开凿的防空洞中建设成一水力发电厂，和附近一座较小的水力发电厂。在昆明东郊渍水洞有一座火力发电厂，有一溪流穿过厂房中央，蒸汽锅炉建于溪流之上……在这些廉价供电站先行建成之下，若干工业制造厂，随之建成投产。例如，在昆明有一座大型机器制造厂，建于防空洞中，在滇池之滨建有有线电和无线电话机厂。这些厂都曾拍摄完整的电影。[1]

- 学仁和孙明经又去川西、西康等地拍电影。[2] 他们也去参观考察敦煌各洞，拍摄最早一（或几）部有关敦煌历朝佛教艺术的电影。[3] 其他电影题目有：《羊毛》《桐油》《如何保护眼睛》《四川现代水利工程》，等等。

- 1982—1985 年我们住在中东的阿曼王国。中华人民共和国大使请我们一家在大使馆吃便饭。饭后放中国拍摄的教育电影。其中有的好像是以前看过的。后来再想，这部电影一定是几十年以前金大理学院拍的。

- 学仁得意的一部电影是 1941 年的《日全食》。此片不是他亲手拍的。

---

[1] 金陵大学南京校友会编：《金陵大学建校一百周年纪念册：1888—1988》，南京.南京大学出版社，1988 年版，第 179—180 页。

[2] 对这一题目有兴趣的读者请参考孙明经摄影，孙建三撰述：《定格西康：科考摄影家镜头里的抗战后方》，桂林.广西师范大学出版社，2010 年版；孙明经摄影／著，孙建秋、孙建和编著：《孙明经手记：抗战初期西南诸省民生纪实》，北京.世界图书出版公司，2011 年版。

[3] 学仁在敦煌时，著名画家张大千也在洞里画飞天。

· 学仁和孙明经也亲自拍了不少片子。孙明经在"在川滇拍摄我国初期现代化工业技术"中描述他和学仁在四川云南等地拍电影时的情形：

魏（学仁），孙（明经）一边考察一边拍摄，摄影机是由孙掌握，选景选机位等，魏完全不干涉。但搬摄影机、抗三脚架、挪灯位、拉电源线，魏都自动承担主动配合，围观者有人以为他是助手。有时他按孙手势行动，但也常自动开灯关灯或挪动什么器物。逐渐形成工作伙伴，全无院长架子。甚至也无教授架子。以致两个月期间，两人摄成七部教育电影。[1]

· 三四十年代理学院拍摄教育电影时，刚好有几位著名画家住在重庆。他们不但对电影有兴趣，也喜欢理学院的现金津贴。由徐悲鸿（1898—1958）做领导，这批画家帮助影片的艺术程度提高了不少。（这是学仁归田后，在夏威夷闲谈时告诉我的。）

· 当时有几位著名的中外学者专家住在重庆。其中外国来的有剑桥大学的李约瑟教授[2]，鲁桂珍教授[3]，和美国来的费正清教授[4]。这批专家和本地的学者和学生都需要当时国外出版的，内容有最新的研究结果的科技学术杂志。理学院图书馆购买相关的杂志，最急需的用航空由香港转寄到四川，其余由仰光进口。

---

[1]这些影片是为送到伦敦庆祝英国文化协会成立十周年纪念。金陵大学南京校友会编：《金陵大学建校一百周年纪念册：1888—1988》，南京．南京大学出版社，1988年版，第180页。

[2]李约瑟（Joseph Needham，1900—1995），科学历史学家，最著名的著作是《科学文化在中国》。

[3]鲁桂珍（Lu Gwei-djen，1904—1991），金陵女子大学1925年毕业，从小学到金陵女子大学和颖保同学。她和李约瑟教授曾请我和女儿到他们剑桥大学研究所去共进午餐。

[4]费正清（John King Fairbank，1907—1991），费教授战后为哈佛大学东亚研究所主任。

李约瑟教授和作者在香港薄扶林一家近香港大学的餐馆
1981 或 1982 年在香港
刘孟达拍摄
魏白蒂收藏

鲁桂珍教授和作者在香港薄扶林一家近香港大学的餐馆
1981 或 1982 年
刘孟达拍摄
魏白蒂收藏

- 在重庆的外国学者也很欣赏理学院的工作。李约瑟教授送了一套英国照相机。《时代》杂志的发行人，出生在山东、父母是传教士的鲁斯（Henry Luce，1898—1967），和另外一位美籍华侨，翁万戈，替理学院在四川制造的教学教育电影大为宣传，带进了不少海外捐款。学仁和孙明经用这笔钱购买了许多美国拍摄的教育影片在中国放映。

- 6月，日机轰炸，连教职员的住宅和学生的宿舍在内的学校房子被毁坏。
- 日期太久，我们搬家太多次，详情我都忘记了。不过我还记得这一次颖保叫我去问张忠保（Uncle"鸡子儿"），看他们能不能收留我们一家人几天。

  - 张忠保当时在外交部工作。他在重庆住的地方离我们不远，对我们上学和学仁上班都还方便。
  - 他是学仁在芝加哥和颖保金女大同学张肖梅的弟弟，上海人。
  - 几年以前，他从燕京大学外交系毕业，开始在南京外交部工作时，才二十几岁，因为他在南京没有亲人，就住在我们家里。
  - 他说的是上海宁波口音的国语。口音还没有什么太奇怪，不过他用的名词是我们从来没有听过的。每天早饭要吃鸡蛋。他叫鸡蛋"鸡子儿"。他也常将英文字句混在中文里面，所以我们叫他"Uncle 鸡子儿"。这个外号，多半也是学仁起的。

- 1941年夏季，理学院在山坡下面建造了几座小房子，把教职员家眷搬出学校办公、上课和学生宿舍共享的大楼。学仁为了新开的课程，需要地方。
- 这些房子在嘉陵江江边，有凉台，所以我们可以看见对岸，也可以看见水上的来往。

· 洪水时间，上流淹水的动物尸首、房屋都从我们眼前漂过。有一次也看见一个人的尸首。重庆江边的迷信是不救人命的：传说淹死的人是江水里面的死鬼要找人代命；如果你救一个人命，就是表示你夺去江里死鬼魂还生的机会，下一次这个鬼就会来找你。

· 1941 年 9 月 21 日日全食刚好通过重庆。所以学仁又有一次机会观察，拍摄日全食电影；让他尤其高兴的是：这一次他能带他的孩子们、同事、学生和所有重庆的居民享此眼福。

· 一队到兰州去观测这次日全食的科学家中有几位理学院的教授：潘澄侯和胡玉章，都是学仁提名的。不过他自己没有去。

· 那天，重庆秋天天气凉爽，处处都摆了水桶。人人都知道直接看太阳会伤害眼睛，一定要从一桶水里才能看见这个现象。

· 用不着说，学仁在重庆亲手宣传和管理这 1941 年的日全食观察，那时国内还没有洗印的设备，这种柯达 16 毫米彩色胶片还要送到印度。至少半年以后才送得回来。

· 我不清楚这部电影是不是国家聘请的专家拍摄的。当年日全食最好观测处在兰州。政府邀请加入观测队的成员中有金大理学院的潘澄侯和胡玉章。

　　· 此队成员照片上面也有李国鼎（1910—2001）[1]。

· 学仁用英文记：

---

[1] 李国鼎，南京人。中央大学物理、数学系毕业；1934 年获中英庚款奖学金去英国剑桥大学。一定是从此关系开始与学仁和颖保相交的（1936 年学仁开始主持中英庚款奖学金考试和选择赴英国研究学习的留学生）。

1941 年 9 月 21 日从中国的观点说起来是极重要的一天。这天不但能让八省的居民看到一个白天能变成黑夜的现象，而且可以让他们了解科学知识。我们那天照的柯达彩色胶片从印度孟买洗印好，早几天刚好寄到。6 月 6 日我们在庆祝中国工程师节时放映此片给大家欣赏。（6 月 6 日也是大禹的生日。大禹是中国第一位工程师，所以真是好日子！）

- 学仁在重庆忙着做各种校内校外的事情，每隔一段时间还要去成都一次。那时从重庆怎么去成都，我完全不知道。

- 颖保也不是袖手旁观、一天到晚只做家事的人。不论情形如何，当时重庆的条件只有专业的厨子敢去市场买菜买肉，家里有用人帮忙做家事。我们几个"大"的孩子每天从早到晚上学，回家又要做功课；两个小的有人带。所以颖保有时间替社会和教会义务服务。除了做学仁的贤内助和我们的妈妈以外，颖保在重庆也做了一些需要用到英语的"课外活动"。1941 年她被选为女青年会董事；又当国际妇女会行政委员会委员。

- 不过她的时间大多花在组织和管理一所她在重庆城内求精中学校园里面开办的走读中学。我已说过，因为日军轰炸，那时重庆所有的中学都被疏散到乡下。我在南开中学住宿受了大罪。妈妈觉得她的儿子一定不能受这个苦，想法子组织了一所在城内的走读中学。

- 后来事实证明，这家中学办得十分成功。颖保有不少人赞助。开始最帮忙的是她以前金女大的同学，厉谢纬鹏伯母，她是中国现代妇女运动先锋之一。后来她做了我们的亲家（她的小女儿嫁给我们的小弟弟）。

- 为了避免因官僚机构程序麻烦而致的延误，颖保没有到四川教育厅去申请开办一所新学校。她跟求精中学商量，借用求精的校名，把这新学校取名为"求精中学市区班"。

求精中学市区班同学
1946 年秋（我们已回南京）
魏白蒂收藏

· 到今天我都不知道市区班的经费是什么地方来的。我从来没有听见任
　何人谈筹款的项目。颖保自己做有名有实的学校董事长，兼义务校长、
　义务教务主任。"义务"表示不拿薪水，学校的预算就可以轻松一点了。
　厉伯母当然也是义务服务，不过请来的老师、清理员、看门工人，等等，
　是一定要发饷的。另外还有教师费用来自何处？我想颖保一定从理学院
　借了年轻又能应付初中学生的讲师，付他们一些"零用钱"，让他们教
　初中的算学代数或几何。教室是从求精中学"借"来的一座平房。经费
　一定来自学费。这样看起来，学费不会低。不过学费也不会太高。学仁
　拿大学教授的薪水，还可以送我们四姊妹去市区班。学费不会比我住读
　的南开中学高。

· 学仁和颖保把我从住宿的南开中学搬回来，降了我一级，和白英同班。

· 我们到今天都记得一位从外面请来的老师，我们叫她杨师母。她有两
　个儿子在我们班上。杨师母教英文。她是上海人，好像也是留学生。她

说的是没有中国口音的英文。我想她也是不拿薪水的。

- 还有一位自己是医生的老师，她教生物。又因为她是在国外或上海学医的，虽然用中文讲课，每句话总要夹一两个英文名词。我们最感兴奋的名词"tissue"，就变成她的小名，"Tissue 老师"。她大概也是不拿薪水的。

- "Tissue 老师"主张科学实验，这当然是学仁十分赞成的。有一次她带了一个还在跳动的猪心，叫我们每一个学生都要用手摸；连学仁都说太过分了。

- 记得颖保告诉我，中文老师是一位有名的四川学者，是高薪请来的。这位老师完全用旧式方法，用四川话，教我们文言古文。朗诵、背诵、默写、作诗、填词，加上每天大字一张、小字三行，功课极多。但是我们不是完全读传统的文学，老师也介绍近代文学给我们：胡适、茅盾、巴金、鲁迅、徐志摩、老舍，我们都读过背过。

- 三十多年在美国完全没有用中文读书，我在 70 年代开始研究清史时，还能用这位姓名已忘记的老师教的中文，看清朝的档案和学者论文。到现在，实在还是敬佩他的学问和感谢他教给我们的国学。

- 颖保 1991 年仙逝以后，有一天我去拜访厉伯母，详细谈到她和颖保组织求精市区班的情形。那时快满一百岁的厉伯母第一句话就回答了我还没有开口问的题目。"你妈妈那时组织学校，找房子，请老师，订课程；我组织家长，找学生。我们合作得很成功！"

- 厉伯母组织的第一班学生，家长都靠薪水生活，家长中有政府和军队高级官员：陆军、空军总司令，审计部次长，战后的上海市市长；重庆圣公会主教；妇女指导委员会主任；金大理学院教授；求精中学校长和校长的一位亲戚。这位亲戚是重庆本地人，大家庭；时常请同学到家玩，让我们了解到许多四川风俗。

· 家长对学校所有政策完全支持。因为学生的家庭背景导致容易溺爱孩子，市区班规定学生负责平常校工做的事情——清扫教室、抹黑板、倒字纸篓，等等。

· 1941 年 12 月"珍珠港事件"爆发，美国加入世界大战。美国空军入战后，日机轰炸也差不多完全结束。驻华美军指挥长官居驻重庆。政府问求精借地造营为美国空军军官和记者团居住。

· 有一位中国记者名魏景蒙（他父亲是二十世纪初有名的翻译家魏易）；他两个女儿，魏小蒙和魏淑娟，也在市区班。魏淑娟比我们大几岁，后又结婚早。她的女儿张艾嘉是后来台湾的电影大明星。

· 美军记者团一名摄影师别名叫"新闻电影王"，我不知道他的名字。他的女儿王健梅到市区班，和我成了好朋友。晚上美军放电影，健梅总是请我陪她去看。学仁和颖保以为这是我学英语的好机会，就让我去。

· 日本投降那一天我们正好预备去看电影，因为大家庆祝，没有电影。

· 直到今天，七十几年以后，健梅住在美国，我居香港，我们还通电话。

· 总而言之，在重庆，颖保认识的外国人数目增多了。在南京时学仁和颖保的外国朋友差不多完全是传教士和教育界的同事，在重庆交的朋友的背景就宽阔得多。其中有：

   · 《纽约时报》记者杜顿夫妇。杜夫人要学华语，手上总是拿了一本生字单，向所有的中国人问这问那。她最喜欢问学仁，让他教她国语发音。学仁只说南京土话，这是人人都知道的；所以每一次看见学仁和杜顿夫人说中国话，大家都偷着笑。

- 杨阿瑟夫人（Mrs. Arthur Young），国民政府美国经济顾问的贤内助，常来我家。她教颖保美国家庭主妇常做的点心：烤蛋糕、炸油圈等等。学仁叫人替她们用一只五加仑的铁油箱改为一个烤箱，我们才能享此口福。
- 伍卡特夫人（Mrs. Wolcott）的丈夫也是一位政府顾问。她自己是一个艺术家，雕刻专业。她用嘉陵江岸泥土雕了白华妹妹的头像，现在还存在侄女慧美家里。

- 此时颖保开始打桥牌。她从小就会打麻将，改到打桥牌，从她眼光来看，其容易无比。
- 一样短处就是非传教士的外国人都抽香烟。他们的香烟的供应好像是无底的。每次看见学仁颖保就送他们香烟，每次看见我们就给我们巧克力糖。
- 也是在此时，学仁和颖保开始吸香烟。这影响了学仁的健康。

1942—1944

- 学仁四十三至四十五岁
- 1943 年盟友打开滇缅公路，可以从印度运货直入云南。从此中国开始又能与外面沟通。
- 当年经济部发给学仁制造湿电池的专利权。发明人为重庆金大理学院的"三巨头"：魏学仁、杨简初、计舜廷。
- 金大和运输部合作开了一家工厂制造湿电池。[1]一共生产 140,000 座，

---

[1] 魏永康告诉我这家工厂在山东，现还存在。

魏学仁年谱 | 136

能供应交通部邮件通信局抗战时期一半以上的需求。

·电池能供给偏远地区电力。

·理学院将收入用来训练培养技术人员。

·学仁又"发明"（改革）制造出一部十分简单的缩微阅读器，使当时在重庆的学者、学生和技术专家能阅读国外最新出版杂志的缩微卷。

·学仁说："这个小东西也能复印"。

·Gish 夫人在 1944 年 4 月的《世界之声》上又记：

理学院魏学仁院长用从美国进口的镜头，又制造出一种缩微阅读器。在 1942 年制造了十部；已经开始计划再造一百多部。如此，理学院能让教育部在国外购买技术性的杂志。此缩微阅读器已供应给重庆、成都和昆明的图书馆。别地图书馆不久也会得到缩微阅读器。[1]

·同时，她又说：

理学院又得到"洛氏基金会"的赞助，从美国买到有声的摄影机和放映机；就能在户外放映电影了。有时观众数目能达到一万人之上。节目包括：受大众欢迎的讲座，专题音乐，盟友政府特托放映的影片，等等。[2]这样的"展览"是十分有效的教育工具，同时也引进善意。这些影片让成都五家大学的学生能得到最新的物理、化学和生物资料，加上地理和医学之类

---

[1]Edna Whipple Gish, "Chinese Christian Couple Do Outstanding Work", *World Call* (April 1944), p.34.

[2]Gish 夫人写错名词，张冠李戴。她所写的"联合国"其实是"盟友"。联合国产生在 1946 年。

的视听方面教材。有很多人在等《西康》。这一部片子之制造经费来自"庚子赔款奖学金"。这些教学教育影片也包括1936年和1941年拍的《日全食》彩色影片。

理学院发明了一种新的电源，可以用来接收无线电电波。需要用到的材料本地都有，能制造三种电池：A、B和C蓄电池。在中国发电厂并非随地都有，所以这个发明对国家贡献不少。交通部和金大理学院已经合作开办一家300,000元资本的工厂来生产各种蓄电池。

· 学仁送孙明经去美国，去调研最新的电影制作技术，购买最新的设备。孙明经又参观如好莱坞、加拿大等摄制教育电影中心，费用由洛氏基金会津贴支持。[1]

· 学仁嘱孙明经在美国买两万英尺柯达彩色影片胶卷。费用来自洛氏基

吕锦瑗、孙明经伉俪
吕教授，金陵女子大学毕业，制作胶卷的第一个中国人
孙建秋收藏

---

[1] 中国第二历史档案馆现存一些学仁写给洛氏基金会的申请清单。多数批准，另外一些申请项目因为不适合基金会的条规，未得批准。"洛氏基金会"在1942—1943年曾捐给理学院500,000元。

金会。[1]

· 也是在这段时间，吕锦瑷教授（孙明经夫人）开始在中国制作柯达彩色影片胶卷。

· 孙明经拍的静态照片在六十年以后的 2003 年出版，这本著作为中国电影增加不少历史资料。[2]

· 百忙之中，学仁著作的一本《中学物理》教科书出版，全国通用，到 1961 年才停止。[3]

· 学仁著作的《高中物理的现象》是《中学物理》的姐妹篇。它是专为高中物理教师写的，里面包括实验室手册和其他教材。现在还有一本被收藏在北京国家图书馆。[4]

1945

· 学仁四十六岁

· 8 月，美空军飞机 Enola Gay 号用原子弹炸广岛和长崎；8 月 14 日，日本投降。

· 学仁在重庆组织一班研讨会专门讨论原子学。

· 学仁开始预备组织理学院搬回南京。他飞到南京去看看被日军占领八

[1]学仁给孙明经亲笔手书（1942 年 2 月 7 日）。

[2]孙明经摄影，张鸣撰述：《1939 年：走进西康》（《老照片》专辑），济南 . 山东画报出版社，2003 年版。

[3]陈智：《中国第一部获国际奖电影：农人之春逸史》，北京 . 中国国际文化出版社，2009 年版，第 102 页。

[4]同上。

年的城市和学校状态如何。

· 回到重庆以后，学仁去成
都预备下学期的工作，其
中有给高级人员的聘书。
金大理学院成都院长室档
案里面有他一封给汤姆生
（Thompson）教授的信和
聘书。信上说：

学仁欢欢喜喜地看一份上海出版的英国报纸
上登的日本投降消息
1945 年 8 月
魏白蒂收藏

你已经知道我才从南京回
来。情形大致和 Dr. Chester 说
得还差不多。不过化学系的煤气厂、蒸馏水厂和其他工厂都有不少问题，
必须马上修理。煤气厂的煤气表和活门立刻就要订。我们大家都同意只有
你一个人有能力做这一批管理各厂的事情。[1]

· 在南京学仁一定见到了贝教授，不过我没有找到资料。
· 其实，学仁没有机会再带领理学院回南京，因为他接到政府的邀请。
外交部请他做中国驻联合国代表团科学顾问。第一个联合国要讨论的题
目就是国际控制和管理原子能。

· 学仁接受了政府的邀请。他告诉我们，他不是国家唯一的原子能专家。
政府请他的原因是，在最紧急的情况下，他能用英语和其他国际代表讨
论、商量和辩论各种题目。

---

[1] 中国第二历史档案馆 #1246 号档案：金大理学院院长室成都办公室函件存稿。

1946 第六章 1961

纽约，联合国和国际原子能控制与管理

这一段时间学仁在纽约。是他五岁以后第一次离开教育界的环境；也是他在芝加哥大学毕业后第一次长期出国。从智力和学术成就的观点来看，在新组织的联合国和各国代表团里他并不是单独的一位科学博士。工作同事有当时欧美国家的首席原子能科学家。他们的使命——国际原子能控制与管理是当时维持世界和平和安全重要的难题之一。此外，他们也和世界重要的国家和社会各界领导，如美国的金融政治家巴鲁克（Baruch，1870—1965）和苏联的外交官葛罗米柯（Gromyko，1909—1989）时时在一起谈论——交换意见和辩论。1946 到 1947 年学仁和颖保把我们留在南京，两人在纽约成为当时联合国极吃香的外交官，处处受人欢迎。美国政府的政策不许非美国公民参观洛斯阿拉莫斯（Los Alamos）原子弹设施地区，所以学仁失望。不过他和颖保能访问罗彻斯特（Rochester）柯达公司，并受到款待。1947 年夏天我们到达纽约。1949 以后，生活没有完全美满，学仁失去和金大的联系，也不能和国内亲戚朋友通消息。唯一令人安慰的就是颖保和他们的儿女在他身边。

1946

- 学仁四十七岁
- 战争完结，日本投降。学仁到南京去看看理学院被日本占领十年以后的情况。回到四川以后，他在成都待了一段时间，和李方训副院长为安排理学院返回南京做准备。同时他们又处理了聘请教职员等事项。[1]

---

[1] 中国第二历史档案馆 #1246 号档案：金大理学院院长室成都办公室函件存稿。

- 1945 年 6 月通过《联合国宪章》，联合国正式成立。次年正月，第一届大会召开。大会第 1（I）号决议就是在安全理事会之下组织原子能委员会。[1]

- 此决议第三条指定安全理事会常任理事国家（中国、法国、苏联、英国、美国）和加拿大各派代表一人成立原子能委员会。各代表团成员包括所需要的协助人员，连科学技术专业顾问在内。

- 学仁接受外交部聘书，为中国联合国代表团顾问，持公使衔。

- 聘书收到，就赶着去美国参加原子能专家讨论。他从重庆直飞上海，登美国轮船戈登将军号（General Gordon），路经日本和三藩市（San Francisco，旧金山），然后乘火车直达纽约。火车路过芝加哥，不过他没有下车去芝加哥大学拜访。

- 戈登将军号在 1944 年下水，专载美军。战争胜利后也卖票给外交官员和犹太移北美洲的难民。学仁旅行那程，船上大多是回国的美军。

- 联合国常设总部定在纽约市。在东江（East River）河岸的建筑未完成以前，大会场、各理事会会场和秘书处，都暂时放在纽约市皇后区成功湖。原子能委员会就在此地开会。

- 巴鲁克亲自在 1946 年 6 月 14 正式提出"巴鲁克计划"建议。他说这个计划是"地球最后的希望"；他建议联合国建立一所国际组织来控制各个国家所有的原子能活动，越快越好。他又说不能让联合国安理会常任理事国家代表用他们的否决权处理这些问题。此建议获得多数其他国家代表的赞助。

- 专家小组要先从技术观点讨论原子能活动到底能不能控制，然后才能

---

[1] 请参见本书附录三。联合国第一届大会，第一委员会决议 1（I）。

用政治和外交的看法开始谈判"巴鲁克计划"里面的各种议题。

· 学仁发言说他觉得国际管理和控制军用原子能还不够，国际管理控制
  范围一定要包括所有原子能的活动。

· "巴鲁克计划"得到安全理事会和联合国大会同意，成为国际原子能
  机构（IAEA）的基础，机构总部设在维也纳。

· 学仁在纽约就是在做这些工作。

· 颖保和我们留在重庆。

· 颖保将重庆的家收拾好，带我们飞回南京。这是我们第一次乘飞机。

· 到南京我们回到平仓巷十一号。

1946年颖保去纽约以前带孩子们合影
1946年夏 在南京
从左至右：白荪，白蒂，白华，颖保，白莉，白英，白蕙
魏白蒂收藏

· 颖保安排白英进金大附中；白莉和我进金女大附中；四妹进中华女中（妈
  妈以前的母校）；五妹和弟弟进了汉口路小学。

· 弟弟是我们姐妹兄弟中间第一个用铅笔开始学写字的人。我们其他人
  全用毛笔、墨、砚台。在教室里一面学写字，一面和同学打墨水战，人
  人满身墨水是可想而知。

· 颖保把我们交给伯伯[1]，她就乘船去纽约了。

牟复礼（Fritz, 1922—2005）

· 就在这个时间，他那一代美国最成功和有名的汉学家，牟复礼，进入了我们的圈子。他回美国以后专修元明历史，和当时另外几位学者将美国高等学府汉学研究和学习弄上轨道。[2]

· 那一代西方汉学家的中文程度还没有前一世纪或后一代的西方汉学家学得那么深，多数靠中国研究生替他们做翻译。牟复礼出身美国科罗拉多州（Colorado），1946 年到南京；在金大读本科，毕业以后在北大深造，所以他的中文根底比同时期其他西方的汉学家强得多。他回美国后，在华盛顿大学写博士论文。然后在普林斯顿大学任教，建立美国大学研究院学习研讨汉学和清代以前中国历史的基本课程。

· 牟复礼是美国人，他的中文是在哈佛大学读的。打仗时期他应征入伍，参加美国陆军，驻中国；国语说得极好；土话比我们用得还顺口。战后他申请来金大，专修汉学和中国历史。

· 他要求金大把他放在一个不会说英语的家庭里面寄宿，那么他就可以每天说中国话。正好我们的邻居答应收留这位外国学生。

· 一见面，牟复礼和我们就成为知心朋友。

· 他住南京时将西方古典音乐介绍给我们。

· 从我的观点来看，牟复礼最大的成就就是娶了我们的表姐。

---

[1] 编者注：此处"伯伯"为南京方言，指作者父亲的姐姐。

[2] 如哈佛大学的费正清（John King Fairbank），耶鲁大学的芮沃寿（Arthur Wright）和芮玛丽（Mary Wright）。在他们以前，西方汉学研究必须依靠德文或法文著作。二十世纪六十年代以后，用英文研究汉学的著作，就丰富了。

- 牟复礼 2005 年归天。表姐将他未写完的《记忆》让普林斯顿大学出版印出（2010）。[1]

学仁和颖保两人在纽约

- 颖保从上海乘美国轮船梅格斯将军号（General Meigs），经过日本到旧金山。我想学仁没有到旧金山去接她。她英语流利，有能力和经验与洋人交流。自己会一个人坐火车去纽约。在纽约他们住在五、六马路[2]之间第 56 街上的一座宾馆：大北宾馆（Great Northern Hotel），与纽约有名的中央公园（Central Park）南面一街之隔。近邻有俄罗斯茶馆（Russian Tea Room）和卡内基音乐厅（Carnegie Hall）。
- 那时是联合国最火热的日子。人人以为这个国际组织会将世界带进永久的和平，同时又替世人促进民主和自治。所以联合国的代表受纽约各界欢迎；尤其会说英文的学仁和颖保，十分吃香。从交际方面说来，颖保很忙。

- 学仁和颖保一到纽约就在花园道和第 85 街交叉口的花园道基督会教堂（Park Avenue Christian Church）做礼拜。
- 学仁先被选为执事，不久就被选为长老；有一段时间为长老会主席。
  - 在他任上，教堂"现代化"，取消从已过时的十七世纪古老语言翻译成英文的《詹姆斯国王钦定本圣经》（King James Version），

---

[1] F. W. Mote, *China and the Vocation of History in the Twentieth Century : A Personal Memoir*. Princeton: East Asian Library Journal in Association with Princeton University Press, 2010.

[2] 编者注：即第五大道与第六大道。

引进才出版的《新标准英文版圣经》（New Standard Version）。

- 学仁领圣餐的时候，他大半时间在做祈祷。在他还没有将圣经上英文称呼耶稣"您""你""您的""你的"弄得清楚以前，他完全用南京土话祈祷。我们笑他，他说："我祷告是跟上帝交流，他懂南京话，所以你们不要管。"我们不知道其他做礼拜的人对他的南京话有何意见，也没有问。不过不久他就"您""你"的，用英文祈祷。其余在教堂崇拜的人，连我们在内，也就放心了。

- 学仁和颖保居住纽约多年，交到许多朋友。同时，他们还常常跟以前南京金大的朋友相聚。
- 贝德士教授和夫人在花园道教堂做礼拜，所以他们每星期天都见面。
- 密尔斯夫妇（Samuel and Mary Mills）。密尔斯的父亲也是传教士，他对中国最大的"贡献"是将大花生种子引进到中国。中国土产花生是小花生，密尔斯老先生从美国带进的是大花生，比国内土产花生大两三倍；所以我们一直称密尔斯先生为"花生叔叔"。抗战开始后他们回到纽约，密尔斯夫人玛丽到一所有名的女子学校教书。这学校就是沙潘中学（The Chapin School），后来我们姐妹和我两个女儿都是在这所学校读书的。玛丽病故以后，以前在金女大任教的爱美丽（Emily Case）填房。和学仁颖保继续来往。

颖保在纽约过圣诞节

- 1946年圣诞节学仁送给颖保一本皮封面有金锁的五年日记。在封面里面学仁题笔：

·上款：这份礼物带着我全心全意的爱和热诚，

　　　　预测我们在美国生活圆满，

　　　　为世界和平服务

·下款：学仁 1946 年圣诞节

·那时颖保只记了几天的日记；不过在他们 1972 年退休搬到夏威夷以后，

第一年颖保每天写日记，我们才能得知他们刚退休后的行动和心情。

·颖保有时写英文，有时写中文，不定。

·颖保 1946 年 12 月 22 日到 1947 年 1 月 2 日的日记是用英文写的：

·12/22/46　圣诗班唱"倾听先驱天使唱的"圣诞颂歌；我想孩子们，

　　　　　　真要哭了。

·12/24/46　我们"家里"没有圣诞树，没有圣诞蛋糕，没有圣诞摆饰；

　　　　　　没有孩子；不过我们心满意足，感谢上帝；他赐给我们

　　　　　　的幸福比给别人的多。

·12/25/46　圣诞节，早上做礼拜，到海曼夫妇家里去吃午饭。

·12/26/46　今天我第一次单独一个人坐地下铁火车。晚上我们到董

　　　　　　显光家吃火锅，十分得意。

·12/31/46　大年夜。我们同 Hao、Grace、M. J. Band 一起去夜总会

　　　　　　玩、跳舞，（看）超音制造的玩具，等等。玩得很得意，

　　　　　　一直到最后；一个醉鬼说了一句不好听的话，把我气死了。

　　　　　　（我好像记得颖保曾说过他们去的是有名的鹳俱乐部，

　　　　　　因为他们银婚纪念去的是纽约另外一所夜总会。）

·1/1/47　　早上四点钟才回家。中午去长岛郭家吃新年午饭。下午

下雪，幸好有办公室的汽车送我们。

· 1/2/47　　今早起身时还是想到大年夜那个醉鬼说的不客气的话。越想越气。不过下午我去买大衣，预备去参观尼亚加拉瀑布，气就稍微消了一点。

· 从这几天的日记中，我得知学仁和颖保在纽约时交际是非常活跃的。圣诞节和阳历新年一段时期，每天有人请他们。大年夜去夜总会玩，不亦乐乎。我从来没有听说过学仁和颖保跳舞，而且会跳舞，虽然是颖保日记上面她自己这么说的，我还是不能相信。可惜深更半夜给一个醉鬼侮辱。她生了几天气，一直等到她去买大衣为预备去游览世界有名的尼亚加拉瀑布和罗彻斯特市时，火气才下降。

1947

· 学仁四十八岁
· 在联合国和几个国家代表团的科学专家不停地讨论原子能控制和管理。
· 他们互相交换信息和意见。学仁建议如果专家们结论是从技术观点来说原子能可以控制，那么世界上的政治外交领导就必须想办法成立一所国际机关来控制监视各个国家的军用原子能活动和提倡原子能的非军利用。

学仁和颖保首次参加联合国宴会

1946 年

联合国摄影

魏学仁档案收藏

联合国原子能委员会科技专家小组

从左至右：（美）奥本海默（Robert Oppenheimer），（苏联）斯科贝尔琴（D. V. Skobeltsyn），（英）贾德干（Sir Alexander Cadogan），学仁，（荷兰）克莱默斯（H. A. Kramers）[1]

1946 年
联合国照片
魏学仁档案收藏

---

[1] 人名及排序来自 *China and the United Nations*, New York: Manhattan Publishing, 1959, p.138。

学仁和法国物理学家俄歇（Pierre Auger）[1] 深谈
1946 年 8 月
联合国照片
魏学仁档案收藏

· 讨论题目：从技术观点来看，原子能活动能不能受控制？苏联代表要
美国代表揭示那时只有美国科学家获有的原子能秘密。欧战完结以后德
国的原子能科学家已经秘密地到达美国，和洛斯阿拉莫斯的美国专家合
作制造原子弹。[2]

---

[1] 联合国的原子能委员会派他们中间的三位科学家：学仁、法国的 Auger 和荷兰的
Kramers，为"三人小组"跟苏联的科学家商量如何解决各种问题。Cosmic ray（编者注：宇宙射线）
是 Auger 在 1938 年发现的。Auger 和学仁同年；二人的博士论文都是研究如何解决原子能的问题。
他们两人还有另外相同的兴趣：毕业以后回到祖国发展现代化科学教育。

[2] 在 1979 年，我从香港去罗省（编者注：现洛杉矶）开会，路经夏威夷檀香山；刚巧一
位香港的老朋友，教育电影制作家 Hugh Gibb，也在檀香山。他介绍给我两位德国原子弹专家。
这两位是夫妇。他们告诉我：在 1945 年 4 月苏联军队抵达柏林时，美军到了德国原子弹研究中心。
那时德国原子能和武器研究比美国的先进。美军一声不响地将一批德国原子弹专家由第一条送美
军回国的兵船带到美国。船上满是回国回家的美国大兵。船一到纽约，码头和街上站满了来欢迎
大兵的家人群众，没有人看见这一批德国人从无人注意的一边下船。他们马上就被送到洛斯阿拉
莫斯去帮助美国科学家制造几个月以后炸日本的原子弹。我现在想起这回事，十分遗憾当时没有
将这对原子能科学家夫妇介绍给学仁。

· 学仁在原子能委员会替专家小组发言，举例："我们从所有现在可以用的资料上找不到一点能支持原子能不能受控制的证据。"[1]

· 学仁代表科学专家组向安全委员会和联合国代表大会报告小组的谈论研究结果。

· 那时，苏联和其他国家相对的立场已经明显，技术性的讨论变成政治性的辩论。苏联不同意"巴鲁克计划"。

· 一项不能达成一致的论题是检查。多数国家主张即刻检查，意思是随时即刻检查，不需要预先通知被检查的国家。但是苏联一定要国际机关预先通知被检的国家，经被检国家许可以后国际机关才能检查。学仁在原子能委员会发言时并不是直接说现在有问题，不过显然地指出那时苏联代表的主张和其他专家的立场已经不同。

· 彼得·克斯（Peter Khiss），《纽约先驱论坛报》（*The Herald Tribune*）驻联合国记者，在《原子能科学家》杂志（*The Atomic Scientists*）上的《联合国原子能新闻选摘》中记：

二月份联合国讨论国际原子能控制会议已经对苏联在国际原子能检查上的看法开始质询。中国代表魏学仁博士透露了一些 1946 年小组会议谈论技术性问题的秘密。他说当时苏联的科学专家亚历山德洛夫，曾经同意避免"同位素分离"工厂转移材料，"管理控制"是不可没有的。

· 从这段话可以看出，在一年之内，在联合国以外看报纸的大众也知道

---

[1] United Nations Documents Atomic Energy Commission Special Supplement, First Report of the Scientific Committee, 31 December, 1946, in *China and the United Nations*, New York: Manhattan Publishing, 1959, pp.138-139.

苏联发言已从技术性改到政治性。

观光罗彻斯特市

· 学仁和颖保去纽约州的罗彻斯特市观光。

· 学仁没有对此旅程发表意见，至少我不记得他说过任何回忆；可是我记得他不止一次说过他如何欣赏天然的尼亚加拉瀑布。

· 他们参观柯达公司和公司的博物馆。颖保谈起公司老板，袭部立（Sibley）先生夫人如何客气地招待他们。

· 柯达公司从学仁的观点来看，是十分重要的。在他手下所有的电影，我想百分之百是用柯达胶片拍的。

· 罗彻斯特市冬季冰天雪地，大概颖保没有在冰雪上行动的经验，滑跌一跤；摔断了腿，送到医院，所有的费用，都是袭部立先生或柯达公司付的。

· 当时颖保不但是学仁的贤内助，也是国家在联合国的外交资源之一。

"Happy Easter"

From three generations of Sibleys

袭部立夫妇 1947 年复活节贺片
上有外孙女 Margaret Glenn，后来跟我在大学同班
魏白蒂收藏

- 颖保和那时一批代表团外交官夫人有一些不同的地方。除了大使夫人（一位我后来就读的布林莫尔女子大学博士）以外，会说英文的"内人"极少。颖保是教会大学英文系毕业；在南京和重庆又以院长夫人身份和外国人交流，她看英文书、杂志、报纸、电影。她又能用英语打桥牌。

- 她能和外国人往来。她懂国际社会和外交礼仪，遇到不熟悉的可以极快地学习。她优美又大方，很有尊严。其外，她是有姿貌的美女，穿旗袍和高跟鞋。

- 所以颖保对在纽约的生活十分满意。

- 家常食物就有问题了。学仁和颖保住在宾馆里，那时宾馆房间没有厨房，微波炉还没有问世。美国城市也没有像样的中国菜馆，学仁和颖保很想吃中国菜。平常西餐还吃得过去；但奶酪，尤其是有味道的、外国人以为最好吃的法国品种，非内行的鉴赏家很难会喜欢，用学仁的口语来说，"就受罪了"。学仁也不太喜欢生菜色拉，不客气地叫它"喂兔子的草"。

- 有一个故事：美国原子能专家，奥本海默教授和夫人请学仁和颖保到他离纽约不远的普林斯顿家里去度一个周末。学仁从纽

学仁和颖保抵达一场表演
1947 年
联合国摄影
魏白蒂收藏

美国原子弹专家奥本海默教授
此漫画小像是奥本海默教授
1947 年送给学仁的
魏白蒂收藏

约自己开车到普林斯顿，到时刚好奥本海默夫人已经把午饭摆在桌上：奶酪、生菜色拉和面包。饭后，学仁和颖保去看以前南京青年会的好朋友、回国后住在普林斯顿的范韦廉（William Fenn）夫妇。根据颖保的报告，学仁双脚还未进范府门槛，已经大声说："快下一碗面来！"

· 我们想颖保一定言过其实。就是对老朋友，学仁也不会这么过分要求的。

· 再加一句，他和范家夫妇做朋友几十年，不需要客气的！

· 颖保到美国以前，从来未煮过饭，炒过菜；连开水都没有烧过。她到纽约自己有厨房以后，开始培养对烹调的兴趣，成为美国江南烹调法大师之一。原因是：她既有想象才能，又肯买最佳的原料。不过她烧菜都是为自己家里人，或请朋友吃，从来没有想到要做一个职业的厨师或烹调专家。她总是说她自己的事业就是为丈夫和孩子们义务服务。

· 颖保说她好吃；也能记得以前在南京吃的各种家常饭菜，自己分析试验，总会成功的。实际上来说，颖保了解中华文化，她做的菜都是有文学和哲学背景的。她和学仁不常常吃馆子；她做的菜多数是从中国诗词小说里面得来的。她告诉我们，烧菜一定要选最好的原料；也一定要注意色、香、味。

· 她慷慨，肯分享她的食谱。金女大的同学和朋友，朱谢文秋（Grace Chu）伯母，美国中餐烹调名师，五十年代开始将中国文化中的高级烹饪引入美国。她先在中国文化中心开班，教纽约社会高层妇女如何欣赏和烹饪中国菜，增加能懂得和欣赏中国菜、去中国餐馆就餐的主顾。在她以前只有最胆大的美国人肯到中国城唐人街去吃中国菜。普通中国餐馆的主顾只会叫炒杂烩（chopsuey）、炒饭和春卷（eggroll）。朱伯母能把中国菜提到世界最精彩烹调之一，实在为祖国文化全球化贡献不少。她出的烹调著作里面有几张食谱，如南京咸水鸭和十样菜，是从颖保那里得到的。

· 颖保烹调能力让她十分受欢迎；尤其是他们搬到伯大尼以后，颖保变成"最了不起的女东家"。在这个小城市里，她不但是最精彩的中式食品烹调家，也是当地唯一请喝酒与不喝酒的朋友共同一桌吃饭的人。

一家团圆

· 7月中旬孩子们到达纽约

· 学仁的聘书延长了两年。他和颖保决定将我们带到美国；打算等学仁联合国职务在1949年结束时，白英和我刚好中学毕业，可以留在美国读大学，而把其他四个孩子带回南京。

· 其实学仁一直主张在家乡读大学本科，出国上研究院。在他看来，关系网对一辈子结友共事极为重要。构建此网最好的时间是中学和大学本科时代。

· 情况证明他是对的。我们都留在美国读书，许多在中学和大学的同学后来成为同事、朋友，相互支持终生。

· 1947年6月，南京学校放暑假，小叔叔魏学智把我们六个人：从九岁的小弟弟到十六岁的我，送到上海上船。他把我们"交给"刚好同船的当时驻旧金山的张紫常总领事。

· 我们乘的也是一条兵船。停战已经几年，不再驻日本、韩国和亚洲各国的美军早已返国了。

· 正巧我们乘的船也是美国戈登将军号，所以可以说我们和学仁是先后同一艘船抵美。

- 照规矩我们是外交官家眷，手上拿的红缎子金字封面的外交护照，应该可以享受头等船舱。但是因为我们是小孩子买的半票，只让我们乘统舱；不过我们可以有资格在上层头等船舱吃饭和消遣。

- 与我们同舱的是从上海移民到美国的犹太女人，下一层住满了日本女人。

- 这是我们头一次在海上坐船，照理说应该十分好奇和兴奋，可是我只记得晕船。

- 同船有军阀冯玉祥，外号叫"基督将军"，因为传说他曾用水管替所有兵队受洗为基督徒。在船上，他性情十分随和，也很滑稽。完全猜不到他是军阀。

- 到达旧金山，张总领事带我们到他家。他住在旧金山有名的电车轨道那条街。我们看见了电车，不过记不得是否乘过。领事馆派了一位年轻职员带我们去参观动物园。

- 当晚把我们送上火车。路过芝加哥，又有驻芝加哥领事馆年轻职员来接我们，带我们去参观芝加哥动物园。

- 到纽约时，学仁和颖保在火车站等我们，接我们回家。

- 第二天，学仁问我们要不要去玩纽约世界出名的动物园，我们六人异口同声大喊："不要！"

- 学仁带我们到他在帝国大厦（Empire State Building）五十几层楼的办公室，往下看五马路[1]的微型汽车。四妹和我的怕高恐惧症，就是从那天开始的。

- 啊，学仁以他的科学化和技术性的思想，以为他的孩子们一定会从和天一样高的窗子里欣赏微型汽车！

---

[1] 编者注：即第五大道。

·学仁失败了。我们不肯到一百多层当时世界最高的大厦楼顶去"欣赏"我们的新家纽约市的鸟瞰图。

·另外一座学仁最欣赏的高层建筑是巴黎的埃菲尔铁塔,科学与工程胜利的象征。

·学仁和颖保在距成功湖不远的公园道新村租了两所公寓,低层楼房,又有花园。这一区新建公寓的住户差不多完全是联合国代表和职员家眷。

金女大校友在我们家门外小影
1948 年
颖保站在从左数第五,修征娘娘站在从左数第七
魏白蒂收藏

·我们从来没有见过如此漂亮的房子。有最新的设备,美丽的厨房和洗澡间。一座公寓有两间睡房,另一座只有一间睡房。我们一家八口,所以需要两所公寓。学仁和颖保带两个儿子住有两间睡房的那一座;我们姐妹四人住另一座,客厅和饭厅也做睡房。

·我们左邻,吴德耀博士和他的夫人,都是金大毕业生。吴博士那时在联合国秘书处,后来他回台湾任东海大学校长。

·学仁和颖保把我送到沙潘中学(The Chapin School);把白英送到联合

学校（The Collegiate School）。因为其他妹妹和弟弟的英文不够标准，所以先送他们去公立学校。

- 我们能进入这类高等学术标准的学校的功劳一定要归于沙潘中学校长，Ethel Stringfellow 女士。她和学仁颖保相互尊敬，终生为友。他们三人对我们姐妹一生影响最大。

- 学仁买了他第一部汽车，战后新出的克莱斯勒（Chrysler）汽车。那时我们还小，也没有一车只能载多少人的法律规定，所以我们一家八口，学仁驾车，颖保和白华在前面，其他五人挤在后面，至少每星期天挤一次去礼拜堂，平时很少"全家总动员"。

- 学仁和颖保开始在家里请客吃便饭，我们说这是跨文化的应酬。
- 请客前一天我们会全家人坐汽车去纽约唐人街"买菜"。那时好像没有听说一家人出去"吃馆子"，但是我们利用这全家一起出门的机会吃一顿中餐。
- 请客那天，颖保烧菜时，客人到了。学仁教他们用筷子，将花生米从碟子送到口做练习试验。
- 我问学仁为什么不给客人用刀叉，学仁的理由十分简单："我们到外国人家他们从来不给我们筷子；为了文化交流，我们必须教他们跨文化用中国工具吃中国饭。"这种逻辑，是无人能辩的。

- 当年 11 月我们第一次庆祝美国的感恩节。从颖保的观点来看，烤火鸡是完全没有问题的一件事，她在重庆时已经熟悉怎样用烤箱。
- 但是对如何处置这一只火鸡，学仁倒是毫无灵感。当天在座的两三个中国人外科医生，也不知如何解决此火鸡开刀的难题。后来还是用中国方式将火鸡斩得一块一块的。

1948

· 学仁四十九岁

· 当时联合国工作政治性增加，科学性减少。

· 原子能委员会正在考虑两份不同的公约：

　　· （1）关于禁止各国发展原子能应用；

　　· （2）关于国际控制原子能军用。

· 无疑，此时联合国原子能讨论的政治性增加，科学性减少。不过学仁
　依旧谈吐自如。他有辩论的才力和经验，思想知识深，口舌又快，和苏
　联的代表舌战关于控制原子能应用的议题：

学仁和苏联代表葛罗米柯在联合国谈论
联合国照片
魏学仁档案收藏

- 葛罗米柯，原子能委员会少数一边（苏联加一国或地区）发言人：
  "必定先要签署、批准并付诸实施禁止的公约，然后才能谈论控制的公约。"
- 学仁："如果第一份公约签署、批准并付诸实施后，有没有保证少数一边会采取第二份公约与多数一边合作？"
- 葛罗米柯："第二份公约照理应该从外交方面商讨，未商讨以前先提保证问题是不对的。"
- 学仁："为了要获得同意，可不可以保持两份公约，而同时又协调执法——以便协调执行方面的条件？"[1]

1949

- 学仁五十岁
- 学仁半百，但是他不肯摆酒请客。那时我们还没有上大学，寄居学校；所以就在家里下面条，吃蛋糕。
- 在联合国，其他国家的代表推学仁为原子能委员会的发言人，将其通过的决议报告给联合国安全理事会。此决议就是联合国大会后来通过"巴鲁克计划"的根基。
- 从国家和个人的观点来看，1949 年是极特殊的一年。中华人民共和国成立，定首都于北京。国民党退踞台湾。

---

[1] 联合国档案：原子能委员会 /C1/PV.36.1948 年 1 月，第 46-50 页。此文在 *China and the United Nations*, New York: Manhattan Publishing, 1959, pp.143-145. 学仁和葛罗米柯二人的舌战也登载在《纽约先驱论坛报》（1948 年 1 月 23 日）。一张照片中有学仁和葛罗米柯：学仁在用手势对葛罗米柯说话。大字新闻摘要说："葛罗米柯洗耳恭听！"报纸又评论学仁的建议，说："此建议可为一个聪明的方法来合成苏联和多数国家的意见来解决至少一项关于世界原子能控制的工作，同时又简单到像哥伦布用鸡蛋比例（竖鸡蛋）一样。"

- 苏联马上带头及其他国家承认中华人民共和国人民政府，英国和英联邦国家不久也跟随。
- 学仁在联合国的生活就不简单了。
- 南京情形也不理想。

- 学仁和颖保做了他们一辈子极重要的决定：不回南京。
- 他们收到不少国内亲戚朋友来信，有的劝他们回家——在此关键时刻学校如何需要学仁；另外有人说时局不同，学仁和颖保已经离开南京，千万不能回来。
- 学仁和颖保考虑所有的因素，决定牺牲老家，不回南京。
- 有人说学仁替国家服务是政治性的，颖保说这完全是胡说。学仁从来没有加入任何政党。战后到联合国他还是替国家效劳，完全不是替政党工作。

- 这年白英和我中学毕业，进大学。白莉和白华转到沙潘中学。虽然我们都获得奖学金，费用还是不小。

- 白英中学毕业时，跟学仁一样，得到数学和科学第一名奖。他入普林斯顿大学主修机械工程，毕业又得奖。他在普大入研究院进修硕士和博士学位。后来研究冶金，为美国金属疲劳研究领域权威。
- 我入布林莫尔女子大学（Bryn Mawr College）。我选了学校所有关于美国的课程：美国历史、文学、哲学、政治思想、宪法法律、政府组织、公共管理、公民自由，等等。毕业大考课目我也选了美国政治思想历史和美国内战的宪法问题。预备回国后可以为"美国专家"。

1950

· 学仁五十一岁

· 苏联不承认台湾当局在联合国的"中国代表权"。葛罗米柯已调回莫斯科担任苏联外交部长。学仁和葛罗米柯二人都是君子，虽然意见不同，但他们相互尊重对方的智力、个性和人品；新代表马里克（Malik），能力、经验、人格都不如葛罗米柯。

· 从 1950 年 1 月 19 日开始，学仁就失去了在原子能委员会工作的兴趣和热情。重要的事已经结束，"巴鲁克计划"已经交给安全理事会，联合国大会商讨成立国际机关来控制国家原子能的用途。
· 实际上说，原子能委员会也没有以前那么勤的每天开会。学仁有时间参加联合国其他机构的会议。

· 金陵大学正式与美国各赞助教会机构脱离关系。[1]
· 学仁以私人身份被选入设在纽约的"中国基督教大学联合董事会"；一段时间以后此机构改名为"亚洲基督教大学联合董事会"。
· 当时美国各教会在中国还支持十三所大学。

· 那时，"外交部"将所有外差人员薪水扣下一半；我们一家八口在纽约生活；我和白英在大学，三个妹妹在中学，唯有小弟弟在公立学校，

---

[1]南京市地方志编纂委员会办公室编纂：《南京简志》，南京．江苏古籍出版社，1986年版，第 685 页。

虽有奖学金，但我们在学校还需要用费，经济十分紧张。

· 学仁有能力，又有名声；卡内基和平基金会（Carnegie Endowment for Peace）邀请他进行一个与科学有关的课题研究。

· 研究成果就是联合国教科文组织发行的《电影和幻灯片分类研究》。[1]

· 学仁请几位专家评论他的研究结果：

  · 当时美国教映领域"首把交椅"Edgar Dale 教授说："你的工作做得太好了！我看这研究题目是现在最需要的；但是我非此门专家，最好问问 Schofield 和 Tauber 两人，看他们意见如何。"

  · Edward T. Schofield 教授，美国教育电影协会会长，写给学仁："你这本作品会对电影界有极大贡献。"

  · Maurice F. Tauber，哥伦比亚大学图书馆学院教授，评："这本著作里面提出了有用的方案来解决现存几个重要的棘手问题。"

  · Paul C. Reed，教育视频的编辑，发言："魏学仁制定了一系列幻灯片电影和电影最有趣的分类。你对此题目深思熟虑，文章又写得极好。我全心全意同意你的结论。这一著作应该让所有对此项工作有兴趣的同行知道。"

  · 宾夕法尼亚州立大学教学电影研究计划主任及格林希尔研究班指导，卡彭特（Carpenter）教授，说："我们已经将这本著作仔细阅读，并认为你的建议非常好。普遍采用这种系统，就可以消除目前使用多种不同系统的混乱。你的分类系统将特别适用于现在和未来的电影图书馆，比目前的系统有用得多。"[2]

---

[1] Hsioh-ren Wei, *Classification of Slide: Films and Motion Pictures*, New York: Carnegie Endowment for International Peace, Educational Film Library Association, UNESCO,1950。

[2] 上列所有信函现存于魏学仁档案。

1951

· 学仁五十二岁

· 大妹白莉和四妹白华中学毕业。

> · 白莉告诉他和颖保她预备学护士，学仁说他唯一的要求是白莉选
> 一家有护士学士学位的大学。她进了罗彻斯特大学（University of
> Rochester）。
>
> · 四妹白华进入瓦萨尔大学（Vassar College），专修数学。

1953

· 学仁五十四岁

· 白蒂，白英大学毕业。

1954

· 学仁五十五岁

· 10 月 20 日学仁在联合国大会政治和安全委员会发言，部分赞同英法建
议将原子能武器的国际裁军议题分为三阶段处理。下面一篇是学仁在联
合国大会政治和安全委员会上的发言提要（是从他英文讲稿中提出的）：

我赞同英法建议中两个观点：其一是适当的控制——削减，禁止和消
除——只限于全面投入使用以后；另一种是随着裁军计划的发展，世界军
事力量的平衡日益增强，因此，国际控制应该提高对所有国家的安全保障。
第一阶段，虽然目前的军力失衡状态被冻结，但也不会进一步恶化。到了

第三阶段结束时，不仅要在军队和常规军备有平衡，而且所有被禁止的武器将被淘汰。进一步裁军也在设想。英法建议的目的是建立一个真正开放、合作和解除武装的世界。

从传统的国家主义观点来看，这英法的建议不但是全面性，也具有革命性。整个裁军计划是委托给一个国际管制机构。条约一旦获得规定数量的国家的批准而生效，控制机关将建立，然后开始世界裁军进程。进程从一个阶段自动过渡到另一阶段，仅取决于控制机关对后期适当控制是否满意。就是说苏联在原则上接受英法的提议，关键细节的谈判一定还是漫长和艰苦的，参与国必须准备好，不但要重大牺牲其国家的主权，也要对将其大部分国家安全托付予的国际管制机构有深的信心。人类的未来命运要我们大家现在的牺牲和尽力的合作。

· 学仁也了解，苏联和安全理事会其他常任理事国的政治分裂变得越来越深，更广泛，越来越难以调和。他已意识到，对于所有的实际目的，苏联拒绝了英法的建议。

· 在那年大会会议上，苏联提议联合国无条件禁止原子能武器。[1]当时苏联还没有原子弹。

· 五十年代，学仁个人在国际社会受尊重的地位是无可置疑的。

学仁颖保银婚

· 8月1号是学仁和颖保银婚纪念日。他们没有请客，也没有请我们！两

---

[1] *China and the United Nations*, New York: Manhattan Publishing, 1959, p.147。

个人跑到一家夜总会自己庆祝。

· 我陪学仁去有名的蒂芙尼（Tiffany）首饰店买他送妈妈的礼物：一对镶
金刚钻石的珍珠耳环。

学仁、颖保在纽约庆祝他们银婚纪念
1954 年 8 月 1 日
魏白蒂收藏

学仁、颖保欢迎媳妇：白英和丽中结婚照片
1954 年 8 月
魏白蒂收藏

1955

· 学仁五十六岁

· 联合国原子能和平运用会议在日内瓦举行，学仁作为"全权代表"参加。

学仁为首席代表
与代表团在日内瓦参加第一届联合国原子能和平运用会议
1955 年 联合国摄影
魏学仁档案收藏

· （美国）"中国自然科学推广会"选学仁为赞助会员。

· 白莉毕业，因那时纽约州不许非美籍护士在医院工作，她去新泽西州
  泽西市医院工作了一段时期；后来又搬到康涅狄格州的耶鲁大学医院。
  她开始做外科手术室护士。

· 白华毕业，得 Phi Beta Kappa 奖，在纽约替丽中的父亲工作。

· 光普生于普林斯顿医院，学仁和颖保成为祖父母。

1956

· 学仁五十七岁。

· 学仁被"外交部"聘请为联合国第十一届大会"全权代表"。

· 学仁收到"中研院"请帖,参加"对世界调查和环球物理科学研讨会"。

· 在联合国大会签署条约成立国际原子能机构(International Atomic Energy Agency,IAEA)。

· 有一个很有趣的问题:学仁应该用中国传统的毛笔签名呢?还是按照逻辑,"既实际又现代化"的用钢笔签中文名字?从下面照片上可以看见,他最后还是用毛笔签名的。

学仁在联合国签组织国际原子能机构的条约
1956 年 联合国摄影
魏学仁档案收藏

· 两个最小的孩子进大学。

· 五妹白蕙先进了一家南方的小型文理学院，后来转到纽约与哥伦比亚大学有关的巴纳德女子大学（Barnard College）攻读社会科学。

· 小弟白荪入普林斯顿大学（Princeton University），专修电机工程。

· 弟弟读完学士学位以后，进布朗大学（Brown University）研究应用数学，就是早期的计算机研究。

· 我于 1955 年在纽约大学获得硕士学位，回母校沙潘中学（The Chapin School）教高中历史。

· 我每天晚上预备功课和改卷子总要做到十一点以后，而早上八点开始上课，住在皇后区家里，就不方便了。我搬到曼哈顿，和朋友同住。同时四妹也在曼哈顿工作，住在皇后区，也不方便。学仁和颖保就把家搬到曼哈顿城西一座公寓，靠哈得逊河（Hudson River）、江边马路（Riverside Drive）和江边公园（Riverside Park）。我就搬回家了，和四妹同一房间。

· 房子朝南，厨房朝西。每天早上颖保从朝西的窗子看见反映的太阳；所以她坚持说在美国太阳是从西方出的。我们问学仁如何可能说服颖保承认她的偏见是错的，学仁回答说："我没有意见。你们妈妈有她自己的'理'：'蛮理'。"他马上就哈哈大笑，以为自己十分幽默。

1957

· 学仁五十八岁

· 学仁被"外交部"聘请为联合国第十二届国际麻醉品大会"全权代表"。

· 签《国际麻醉品贸易协议》。

· 同时，《四强国对部分解除军力的建议》已送到联合国大会。

· 10 月 17 日学仁在联合国大会政治与安全委员会上发言：

世界已经有一段时间焦虑现有储存的裂变材料，不过国际行动的实践课程，现在已经制定。如果能通过的话，则完全消除核武器的希望，就再次有实现的可能。这几年来已出现大规模袭击不断增加的危险。为预防该类型的攻击，具体建议现已提交。

一项联合研究已经提出方法来控制外空导弹，并确保它们只用于以和平为目的的开发。这些建议重要而富有远见。[1]

· 就是在这个时期，苏联拒绝与其他国家合作。但是学仁还是希望原子能被定向用于非武器的用途。

· 他对我说：“我们科学家只能查明原子能从技术方面来看是否可以被控制；是你们政治科学家的责任来确保原子能的应用，替地球上所有的人类服务。”

嫁女儿

· 12 月 21 日我和刘孟达在纽约花园道基督会教堂结婚。

· 这是学仁第一次嫁女儿。

· 婚前，孟达去见学仁，请他正式许可我们结婚。孟达问学仁他和颖保这么长的幸福婚姻的秘密，学仁只有一个字：“忍”。学仁以为他自己

---

[1] 联合国第十二期大会，第 874 场，引自 *China and the United Nations*, New York: Manhattan Publishing, 1959, p.148。

白蒂和刘孟达在纽约花园道基督会教堂举行结婚典礼

1957 年

魏白蒂收藏

十分幽默，但颖保和我并不以为他那么滑稽。

· 婚礼以后，颖保把三位妹妹叫过来，说："你们不许在圣诞季节结婚！"

· 仲普生。妈妈万分高兴。她一辈子有"无后为大"的偏执，魏家有两个男孙子，后代不愁了。

1958

· 学仁五十九岁

· 学仁为"驻联合国代表团"团长。

· 西班牙大提琴家卡萨尔斯（Pablo Casals）在联合国演出，学仁和颖保把他们的票给四妹和我。

· 另外一次，有一个大宴会在华尔道夫酒店举行，幸好学仁和颖保他们自己出席，没有叫我去做代表。同桌有从颖保眼光看来很自以为了不起的一位法国人。此人已经半醉，声音又大，来跟他寒暄的人又多。妈妈想："倒霉，跟这样一个粗人同桌！"后来才发现这个人就是法国有名的电影明星和歌星，莫里斯·切瓦力亚（Maurice Chavelier）。

1960

· 学仁六十一岁
· 学仁和颖保做外公外婆了。我生道美。

1961

· 学仁六十二岁
· 学仁作为"观察员"被请到美国和平利用外层空间第一次全国会议。

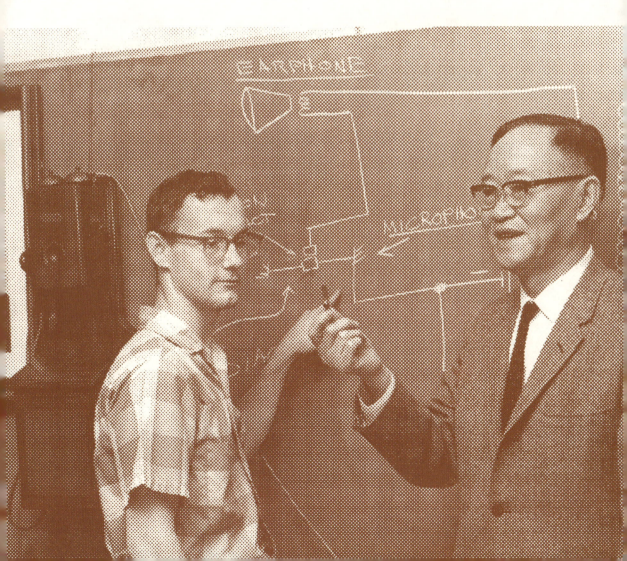

1862　1987

第 七 章

伯大尼与夏威夷

学仁从"外交部"辞职离开"代表团",搬出纽约市。以后十年是学仁和颖保生活十分轻松又愉快的一段时期,对他们退休以后的经济收入也有所增益。在联合国工作十多年后,学仁决定离开"代表团",回到学术界。刚好西弗吉尼亚山区一家基督会办的伯大尼大学(Bethany College),需要物理系人才。校长和学仁见面,思想意见相合,就请学仁去任职。颖保在当地中美文化交流的贡献亦非小。学仁开始在美国付所得税,也付社会保障税及退休保险费,这让他们退休以后有福利金和医药保险。他们在夏威夷住得十分得意,有两个女儿和孙辈在身旁,又有以前南京的老同学和朋友相聚。从颖保的日记来看,他们的生活是很圆满的。对学仁和颖保在这个世界最后十几年,我永远感激我的妹妹们和夏威夷的风水。

1962

· 学仁六十三岁

· "代表团"在联合国争中国代表权,局势十分紧张。

· 学仁开始考虑回到教育界工作。他和伯大尼大学校长一见投机。

· 学仁和颖保参观伯大尼大学后,就决定离开"代表团"。

· 学仁所有"外交部"的档案现在收藏于台北"中研院"现代史研究所。有八十五包。一位该所的研究员在电话中告诉我这些数据可以写三篇博士论文。

· 这一年,三个女儿送给学仁和颖保外孙女儿:四妹的慧美生在檀香山皇后医院,五妹的琳姐生在纽约长老会医院,我的小女儿道仁在纽约五马路花医院出世。学仁十分兴奋，他又有一次次机会笑着说："又是一个丫头！""又是一个丫头！"

1963

· 学仁六十四岁

· 学仁辞去"代表团"职位。同时他接受伯大尼大学聘请，成为物理系与国际事务特聘教授（Distinguished Professor of Physics and Public Affairs）。

· 学仁和颖保在第二学期开始时（2月），搬到西弗吉尼亚州。

· 学仁一上任就开始整理伯大尼大学的物理课程。在学仁到伯大尼以前，学生考研究生入学物理考试分数为全国倒数百分之十以下；读过学仁整

伯大尼大学校园鸟瞰图
1973 年 伯大尼大学明信片
魏白蒂收藏

理的课程以后，分数考到全国前百分之五以上。

· 学仁开始付美国所得税，社会保障税和其他退休养老金福利税。

· 学仁和颖保搬进一座以前是男生宿舍的既大又老的房子。
· 学仁和颖保很喜欢这座房子。
· 房子有三层楼，另外还有地下室。
· 第一层楼有客厅和饭厅及一间很大的厨房。另外，在客厅和饭厅里面
  还有烧木头的壁炉。
· 二楼和三楼全是睡房。每一间可以放一张床、一张书桌和一张椅子，
  可以供应一个男学生舒服随意地生活。学仁和颖保期待他们子女和孙子
  女同时来访。
· 这座房子在一条绿树成荫的街上；后面有花园，前面有阳台。阳台上
  有一张从天花板挂下的摇椅。整个气象属实是典型十九世纪美国大学的
  宿舍。
· 房子离学仁办公室和教堂不远。其实伯大尼是一个小地方，没有一处
  是远的；除了出城和去公路上的超级市场买菜以外，平时不需要用汽车。

· 学仁和颖保两人在伯大尼那段时间的生活十分舒适，心情十分愉快。
· 学仁事业顺利。他才到伯大尼的时候，物理系的学术标准实在太差；
  他知道问题在哪里，也知道需要怎么改革。他又有学校当局的支持，所
  以可以立刻将物理系的水平提高。

· 他的个人声望极高，除了学校的同事以外，和地方社会人物也交结容易，
  所以在伯大尼大学内外和附近的西弗吉尼亚州首府惠林（Wheeling），

学仁和伯大尼大学校长佩里·格里沙姆
1963 年
伯大尼大学公关处收藏

　都交结了不少朋友。

· 他们参加伯大尼教堂各种活动；学仁被选为长老，颖保为执事。

· 他们在伯大尼最亲密的朋友有校长佩里·格里沙姆（Perry）和夫人艾
　丽斯（Aleece）。

　　· 艾丽斯自己是诗人。

· 另外一对朋友是亚历山大·迪克斯先生和他夫人玛丽安（Al and Merion
　Dix）。迪克斯是当地报纸的老板和出版人，后来他的事业范围扩大到
　广播电视及其他新闻界生意。他们退休后也住在夏威夷，跟学仁和颖保
　常常相聚。

· 除了参加附近各处国际妇女活动，介绍中国文化以外，颖保还在家请

客吃中餐。

· 另外最重要的一个休闲消遣是打桥牌。

1966

· 学仁六十七岁

· 学仁在伯大尼的成就已引起关注：美国钢铁公司（US Steel）捐送伯大
尼大学一架 12 英尺长、重 2.5 吨的光谱仪。这座仪器用于将元素的辐
射分散到光谱中，以便对光谱进行拍照或绘图。[1]

· 在学仁的通信档案夹里面有他这时候写给伯大尼理学院院长的一封报
告。信上说，这几年物理系添了仪器，专修物理的学生人数增加不少，
专业水平也提高。学校向政府科学机构申请的专款也已经收到，物理系
就可以着手请教授和其他导师了。

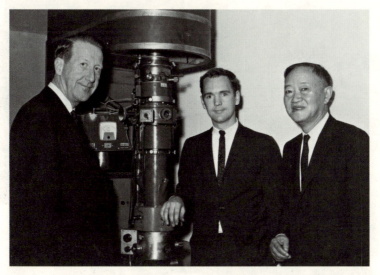

学仁（右一）与两位美国钢铁公司代表捐给伯大尼大学仪器一具
1966 年
伯大尼大学公关处收藏

[1] *Weirton Daily Times*, Weirton, W. Va. (Wednesday, November 23, 1966).

学仁讲课

1966 年

伯大尼大学公关处收藏

- 孙儿辈开始来看学仁和颖保。来的次数最多的是道美、道仁和慧美。每年暑假她们"自己"坐飞机来"陪"公公婆婆。

- 白天太热。那时空调还不普及，就是有冷气机，也只有晚上在睡房开。

- 妈妈说"陪太子读书不容易"。她们不游泳，不打球；白天雇一个大学生带她们"学习"山地上的自然世界，又陪她们玩。

- 黄昏一到，小姐们的花头[1]就出现了。她们每天都要捉萤火虫。公公跟着跑，替小姐们捧着玻璃瓶，将捉到的萤火虫放在瓶子里面。

- 天黑以后，大概是八点多钟，照例也应该睡觉了；不过小姐们要等到"半夜"吃"宵夜"，这些是在自己家里没有的花头。那时没有合适的电视节目，所以她们"陪"公公打麻将牌等"半夜"来到，她们可以享受"宵夜"。她们每晚的"宵夜"是一罐挤上奶酪的饼干。

- 学仁从来不赞成打牌，他一直说这种游戏只是"浪费时间"，没有别

学仁与孙儿和外孙儿女在伯大尼家花园
1966 年
从左至右：慧美，光普，学仁，Stephen，道美，仲普，道仁
魏白蒂收藏

[1]编者注："花头"为南京方言，指新奇或狡猾、变化多端的计策和主意。

的好处。但是用这个玩意来陪外孙女儿们消遣，他就运用陪她们打牌的时间教她们一点中文和中国文化。所以道美她们中文启蒙的生字就是：东、南、西、北、中；不过她们没有学一筒、两筒，等等，因为公公教她们用英文叫一筒为"肚皮的纽扣"（belly button）。

· 颖保金女大的英文老师，爱玛·里昂（Emma Lyon）小姐，是伯大尼大学 1892 年毕业生。为了表彰她，学校在 1950 年授予她名誉博士学位。里昂小姐在 1960 年去世，她的一个学生捐钱在伯大尼建立了"爱玛·里昂奖学金"。学仁和颖保才到伯大尼时刚好这个奖学金派给一位香港来的女学生。颖保发奖学金证书给她，留有照片。

1970

· 学仁七十一岁
· 学仁和颖保用学仁学术休假的一年访问台湾。从伯大尼和西弗吉尼亚州的观点来看，一位教授能到跑这么远的地方去休假，是件大事。该省首府报纸特登一篇文章，标题是："魏学仁博士游览台湾！"。
· 台湾金大校友热情地欢迎。他们成群到飞机场，打着巨大的旗帜："欢迎魏院长返台！"可惜我找不到这张照片。
· 最热忱的欢迎者是李佛续。这位原籍台湾的理学院物理系毕业生曾跟学仁做事；他和夫人陪学仁和颖保游览台湾胜地。
· 学仁去金门和马祖岛去看大陆土地，他的家乡。
· 他写信说："我看见家乡了！"
· 3 月 24 到 29 号他们参访香港，到粤港交界的落马洲又瞭望内地。
· 他又写："我又看见中国了！"

· 这次旅行证明"中华民国"护照对他们旅行是很不方便的。

理学院毕业生李佛续夫妇（右二、右三），学仁从小到大的同学李适生（左一）
陪学仁颖保游览台湾
1970 年
魏学仁档案收藏

1971

· 学仁七十二岁

· 获美国哥伦比亚大学工程学院颁授的"对科技教育做出杰出贡献的铜狮奖"。此奖是为了表彰学仁对科技教育的贡献而颁发。

· 奖状上说：

　　哥伦比亚大学工程与应用科学学院非常荣幸地赞赏西弗吉尼亚州伯大尼大学物理系与国际事务特聘教授魏学仁博士对工程教育做出的非凡贡献。作为学者、物理学硕士导师和辅导员，他赢得了伯大尼大学师生的崇

哥伦比亚大学代表为学仁颁授该校的铜狮奖

1971 年

伯大尼大学公关处收藏

高敬意与深厚感情。他指导了年轻人的职业生涯，这些年轻人都是享有盛誉的哥伦比亚联合计划学者和其所在科研领域的专业人士。对他一生为高等教育做出的杰出贡献，我们向他致以敬意。[1]

· 当年 4 月 26 日，哥伦比亚大学工程学院在惠林（Wheeling）进行了特别宴请。学仁是主客。

---

[1] 原件存于学仁档案。几份报纸对此的报道在伯大尼大学公关处也有收藏。

· 学仁退休，和颖保搬到夏威夷。

· 伯大尼大学校长 8 月 2 日有手书：

敬爱的学仁和颖保：

在你们还未离开伯大尼时，请让我说一句话。请你到伯大尼来是我做校长以来最为得意的一件决定。

你肯到我们学校来，太好了。我晓得有好几个大学都想请你，你肯到这里来，是伯大尼的荣幸。

这所老学校，受了你的影响，已经完全改良了。

艾丽斯和我送给你们我们的敬爱，祝你们退休时光样样顺利。我们很高兴你们选了东西汇聚之处夏威夷为你们退休的地方。

致礼

佩里

· 离开伯大尼以前，学仁和颖保接受美国国籍。

· 这个决定是不容易做的。接受美国国籍需要否认原来国籍。对学仁和颖保来说，这就好像是要公开背叛国家，同时否认祖宗父母，不忠又不孝。

· 最后还是用实际眼光来看，为旅行方便，才决定接受美国国籍，用美国护照。

· 弟弟那时在匹兹堡做事，住得不远。匹兹堡到伯大尼开车大概只要一个多小时。那时，弟弟还没有结婚，也没有女朋友，所以他的周末是完全由他自己控制的。

· 下面关于学仁和颖保在伯大尼生活的短信是小弟弟魏白苏写给我的：

大姐：

伯大尼这几年对爹爹妈妈是有益的。

爹爹极喜欢伯大尼的学术环境，妈妈也习惯这个小城内的生活。搬到大房子以后，她成为伯大尼的"最了不起的女主人"。她最自豪的一样（事情）就是她是伯大尼第一个混合非饮酒和饮酒客人在一张餐台上的主人！当然，人人都喜欢她烧的中国菜，所以大家都高兴，没有人抱怨。

我尽量每个月去看他们一两次，跟他们度周末。过年过节我也去陪他们。那时匹兹堡唯一卖中国食品的是一家中国礼品店。我尽量把素菜、豆腐，所有妈妈会喜欢的食品买回来。妈妈和我要在烹饪上大显身手，准备打一个周末的牙祭。剩下的菜肴妈妈会跟我分；她留一半，另一半我带回匹兹堡。

伯大尼让爹爹妈妈他们能在夏威夷顺利地退休。（妈妈本想退休后在匹兹堡跟我同住。如果真是如此，保证我会永远一辈子做单身汉了！）

夏威夷的环境和气候全年都好。当然最友好的条件是二姐和四姐的悉心关照与陪伴。

此信又短，又甜！

弟弟

1972—1978

· 1972 年学仁七十三岁，颖保六十八岁

· 学仁和颖保开始他们退休后的生活。才到夏威夷时他们住在珍珠港山上面的埃亚区（Aiea）一座小房子中。

· 房子靠近白莉，俯瞰珍珠港，风景漂亮之至。学仁已经决定不开车，住在这小屋交通不方便。他们住的地方既不是城市，又不是乡村。没有公共汽车，又不方便步行到小铺子去买置家常用品或食物。为他们来说，

房子的地区不太理想。

· 搬到檀香山城里以后，可以走到各种地方。学仁和颖保就高兴得多了。搬去的新地方是一所公寓大楼。他们住六层楼，有花园；远一点的地方，有公共汽车，而且老年人免费。近唐人街，买菜方便；近城市中心，有银行。学仁可以坐在银行沙发上舒舒服服地看报纸：《纽约时报》和《华尔街日报》。学仁最喜欢的附近名胜是檀香山植物园。他自己常常去散步，每一次我们去檀香山，他就带我们去此植物园消闲。里面的各种兰花，是世界罕有的。

· 他们六楼的公寓刚好比院子里的椰树高一米多，房间既有光亮，又有微风。一年只有在 10 月季风停止时，需要电扇。

· 公寓有两间睡房，有凉台。学仁有他的书房，他开始自己研究《易经》。笔记仍存。

· 房间不大，不过他们可以请人吃饭，妈妈也能请人打桥牌。

· 学仁开始在凉台上种兰花。

· 还有一个好处：管理处有清洁队，房客可以雇佣工人清理公寓。

· 檀香山有一所基督会教堂。学仁和颖保加入。立刻，学仁就被选为长老，颖保为执事。

· 学仁在教堂开一班成人主日学，研究《圣经》。

· 我曾问他，自己是科学家，如何调和达尔文的进化论和《圣经》上面的创造论。学仁回答，他相信达尔文的结论是对的；但是动植物进化不是偶然，是完全照上帝的一个统一计划。

学仁颖保在夏威夷和外孙、外孙女合照
从左至右，前排：刘道美，Charles Kam，颖保
后排：学仁，刘慧美，Stephen Kam，刘道仁
1976 年
魏白蒂收藏

- 他们在檀香山老朋友不少。

- 刘崇本教授：学仁金大同学，抵美后曾在布特勒大学教书。他夫人过世后，搬到檀香山靠近女儿的地方住。

- 祝伯伯[1]，祝伯母：祝伯伯金大毕业；不知他一生事业如何，不过他们能够在美国养老住家，一定没有经济问题。

- 我在二十世纪八十年代受牛津大学出版社委托写《上海史》时，研究青帮要找资料，学仁叫我去问祝伯伯。祝伯伯说话带有南京、镇江、江都一带口音。他说自己一生为青帮成员，青帮兄弟控制运河下游交通，

---

[1] 编者注：指祝恩生。

也控制上海。1937 年他逃到四川以后，又偷偷回已被日军占领的老家，将家眷接到四川去。沿途完全是靠青帮兄弟帮助的。

· 两位"林医师"，Francis 和 Elizabeth（王盈盈）：先生是从广东来的华侨，夫人是金女大毕业生。颖保过去[1]，妹妹们打电话给她的医生。第二个电话就是打给王盈盈。学仁、颖保和两位林医师的坟墓，是在一起的，所以他们的友谊，真是永久性的。

· 学仁和颖保退休生活的美满完全是靠两个妹妹。

· 大妹白莉的护士职业让学仁和颖保能得到檀香山最好的医疗保健方面的便利。

· 白莉定居檀香山，因为她嫁给一位夏威夷的华侨。

· 学仁和颖保搬到夏威夷时，白莉是夏威夷大学医学院唯一无医学文凭的教师。她几个学位都是护士学，但是她教所有医学院学生"手术室护理技术"。

· 我们姐妹之中，她最自我牺牲。好的东西完全给别人享受。

· 最后学仁病时，白天有护士照护；晚上完全是颖保和白莉妹妹服侍的。

· 四妹白华是我们中间最特殊的姐妹。

· 她是上帝赐给我们的奇迹。

· 我们姐妹之中，唯有她娇小。大学毕业以后，她遇见夏威夷华侨后裔 Gilbert Lau。

· Gilbert 家庭富有，不过她母亲万分守旧。

· Gilbert 排行最小，人聪明又慈善；他自哥伦比亚大学获得法学博士学

---

[1] 编者注：指过世。

位和商业管理硕士学位。记得学仁那时对四妹说："你一定深爱这个人，肯离开我们，走到那么远的海岛上去过我们不熟悉的生活。"

· 四妹和 Gilbert 在夏威夷定居，在 1962 年生了一个女儿，名 Jennifer（刘慧美）。

· 可惜 Gilbert 生脑瘤，医治不成，慧美还未到六岁，他就辞世了。四妹决定不离开夏威夷，这也是我们开始前往此"地球上的天堂"的原因。

· 四妹一直在夏威夷的旅游界工作，能给学仁颖保许多机会参加娱乐活动。旅行费用也可以减少，因为四妹有专业折扣。

· 学仁和颖保在世时，两位妹妹每天去看他们，也带了外孙和外孙女。我的女儿们也有机会去"陪"公公婆婆。公公婆婆二人都得享高年，所以他们认识已成人的孙辈。

· 比如，有一次道美、道仁和慧美要替公公婆婆烧晚饭，主动要去买菜。他们烧的是惠灵顿牛排，一种很复杂的烤牛排；甜品是巧克力饼干。

· 在檀香山定居以后，学仁请颖保去伦敦和巴黎小游。然后，要是颖保还有兴趣的话，也去欧洲其他几个胜地。

　· 那时我们住在纽约，一所十四层楼的公寓里。

　· 学仁和颖保先到纽约，"陪"我们几天，摆脱一点时差，看看朋友。我们送他们到飞机场，招招手说："旅游愉快，三星期后再见！"

　· 不到一星期，我们下午三点多钟从学校回家，发现学仁和颖保两个人坐在客厅的沙发上。

　· "出了什么事？"

　· 其实他们在伦敦三天，高高兴兴地参观名胜，又在哈罗德百货商店买东西。学仁要去洗手间，跟妈妈约好在电梯前面会见。两个人没有想到哈罗德有好几台电梯，所以两人一时等不着彼此。

· 又因为打电话到巴黎订的乔治五世旅馆没有成功。心血来潮，就乘第一班飞机返回纽约。不游玩巴黎和欧洲了。

· 话说回来，二位老人家还是不放心自己单独旅行。

· 不过他们没有离开伦敦以前已经跑过当地有名的商店，替孙儿女们买了纪念品。不记得他们替孙子买了什么东西，只记得替外孙女儿每人买了一套苏格兰人穿的短裙。

· 这就是学仁和颖保的欧洲游览史。不过他们这次到纽约的故事还没有到底。

· 他们回到纽约第二或第三天早晨，大约三点多钟，我们还未起身的时候，公寓地下室的电源出了问题，失了小火。幸好不严重，没有叫居住的人撤离；不过所有与电力有关的设施，如电梯和水，连卫生设备，完全都停了。

· 那时大概是学校放假，因为孩子和我在家，而孟达要去上班。

· 我跟着孟达走下十三层楼梯，买了一些点心、一大瓶矿泉水，和当天的《纽约时报》；爬上十三层楼，陪学仁和颖保吃早餐。

· 幸好我们的灶是烧煤气的，所以我们还可以煮开水泡茶冲咖啡。学仁的生活完全要靠茶和咖啡的。

　　· 他最喜欢的茶叶是龙井，他每一杯茶要有四分之三的茶叶。一辈子无论情形如何，记不得学仁缺少龙井茶。

　　· 他喝咖啡的标准就没有那么高级了。煮的还是冲的，他一样的欢迎。好像他还要放牛奶，不过不加糖。

· 午饭以后，妈妈开始担心晚饭。她叫我到附近的一家中国餐馆买一顿烧好的饭菜，带回家来吃。我已经尝过爬上下十几层楼梯的经验，不想再做；所以建议大家都走下楼去看电影，然后到一家馆子里去吃晚饭。如果那时电梯还未能用，我们可以到一家旅馆去过夜。总之，我预备带睡衣和牙刷去看电影。

· 颖保说她不带睡衣和牙刷，要是吃完晚饭电梯还不能用的话，我可以上楼替她和学仁拿睡衣和牙刷。我的答复不太客气。

· 幸好吃晚饭后电力已恢复，我们乘电梯返回十四楼。

· 学仁从早到晚没有发表意见。他总是说在我们家所有主意都是颖保出的；"当然我决定世界国家大事，比如何时用原子弹等等。"这又是他的幽默之一。

· 那一天，在楼上他已经有他需要的所有东西：报纸，咖啡，龙井茶和香烟。

1979

· 学仁八十岁

· 又逢学仁和颖保庆祝他们金婚纪念。

· 他们包了伯大尼唯一的旅馆，请了所有儿子女儿，孙儿女，朋友，共一百多人。

· 学仁和颖保小时家里冷清。金婚那年我们六姊妹都已结婚，除了小弟弟以外，都生了孩子。弟弟也抱继了他妻子的女儿。我们三代和老朋友们在一起度过了一个

学仁和颖保金婚合影
伯大尼 1979 年 8 月
魏白蒂拍摄
魏白蒂收藏

周末，真正热闹。[1]

· 饭后学仁说了几句我最后一次听他在公众面前演讲的十分风趣的话。

· 学仁说他一辈子也没有什么成就（太谦虚了！），不过，跟着属龙的伴侣，飞天过海，游遍全球，自己（学仁）站在一边，充满了钦佩和敬畏。

1980—1983

· 学仁和颖保继续享受他们的生活，不过学仁的健康已经开始成为一个问题。

· 为照顾和关怀他们，我们永远要感谢两个妹妹：白莉和白华。

1984

· 学仁八十五岁，颖保八十岁

· 学仁请了一桌老朋友庆祝颖保八十大寿。我也从我们当时住的中东到了檀香山。

· 四妹和我在台湾见面，替颖保收了好一些台湾朋友送的礼物：从字画到其重无比的书本。

· 我们路经日本，参观京都和东京，因为四妹想看日本春天有名的樱花。

· 可惜那年天气极冷，不但没有樱花，四月初还在下雪。京都的外景看得不太满意。到了东京，一批日本朋友热情招待，心情进步得多。

· 唯一我们看见的开花的樱树是完全人工做的！

· 我们抵达檀香山，学仁和颖保看见老朋友的礼物，十分感动。在酒席

---

[1] 现在（2010年），学仁、颖保子孙共有一百多人。

桌上也跟在场的朋友谈过去的事，没有遗憾。他们都是八十多岁的人，身体已老，精神、口味都还不错。妈妈不要生日蛋糕，她订了中国传统的寿桃，大家兴还未尽，休息时间已经到了。"老了，老了！"学仁不停地说。

- 不过精神身体都还好，5月底我的小女儿道仁从布林莫尔女子大学（Bryn Mawr College）毕业，学仁和颖保决定飞到费城去参加典礼，同时"看看朋友"。

- 他们从夏威夷，我们从中东，飞到费城；在城内一家旅馆租了有三间睡房的套房。有两间客厅，很宽大。

- 毕业典礼在一个周末，节目不少。我和道美也是这家名校的毕业生，预备跟以前老师、同学相聚，将几天都安排满了节目。我们又租了一部大轿车，让学仁和颖保可以舒舒服服坐在后面。

- 话虽说如此，其实二位老人家那几天根本就待在旅馆，许多住在费城和纽约附近的朋友来拜访他们。我们笑他们像以前皇帝皇后一样，坐在椅子上等下臣来叩头。

- 学仁和颖保出来吃了一顿饭。那是学仁最喜欢的西餐：龙虾、牛排、苹果派加香草冰淇淋和咖啡。

- 颖保那时喜欢抽一种法国名牌彩色香烟，她穿的衣服颜色一定要配香烟的颜色。这就是我们八十几岁的妈妈，所以学仁一生都爱她。

1985

- 学仁八十六岁
- 学仁中风。
- 从此他不肯让妈妈离开他，几分钟不见妈妈他就要问。

- 11 月底道仁和 Stephen Garvin 在纽约结婚，学仁不能参加；也不肯放妈妈去。他说了一句完全与他本性相反的话："你不能离开我，我比道仁出嫁重要。"
- 学仁从此也不太多说话。我问他为什么不出声音，他说："这里的人完全说英文，没有人跟我说南京话。"

1987

- 学仁 1 月 2 号在檀香山皇后医院谢世，享年八十七岁（按中国算法八十九岁）。
- 学仁永远安息在夏威夷纪念公园。

- 1991 年颖保也过去[1]，与学仁同葬。

---

[1] 编者注：指过世。

结论

学仁的一生不但圆满，也是非同寻常的。从这份年谱的记事来看，他做人处事，完全跟随他小时所受的中国传统的儒家家教，加上西方伦理观点和基督教的仁慈道德规范。一辈子对得起自己，对社会有贡献。他个人的生活也十分美满。与他同年和比他早出生几年的人大多是传统旧式婚姻，他的妻子颖保是他自己选择的。他从小就失去父母，不过带他长成的叔父思想开通，送他去受新式的教育。他和颖保两人都是民国初年典型的青年：没有出生在官僚富商人家，受了新式教育，熟识中文英语。他的事业成就是二十世纪以前不可能有的。

学仁能完成几样空前先锋的事。他开办金陵大学理学院，在国内首创教育电影，与孙明经拍摄二百多部作为课堂教学参考和增加大众常识的电影。抗日时期学仁和杨简初发明湿电池，开发西南农村。抗战胜利以后为中国驻联合国代表团科学顾问，在联合国与其他国家的原子能专家商讨国际原子能控制和管理的基本条件。他从来没有浪费时间。如果我们不算他在阳台上种的几盆兰花，还有他喜欢的苹果派加香草雪糕和时时拿在手上的香烟以外，他没有业余的癖好。由颖保和妹妹们陪着，他已经去过一辈子想去的地方：巴拿马运河及阿拉斯加的海岸。他不听音乐，也不看话剧或娱乐电影。颖保和四妹逼着他去看各种表演，他敷衍地陪她们，有时看得倒还算高兴。电视发明以后，他只看新闻报道，或公共话题的谈论。可惜他去世早了几年，不然他一定会整天坐在计算机前面，寻查各种资料！

颖保有客人在家打桥牌时，学仁"躲"在他书房里查《圣经》，预备主日学的功课；或者翻翻《易经》，看看老太爷的眼光和八十几年以前做小学生时的自己的看法有何处不同。但是学仁也喜欢跟老朋友见面。在纽约和伯大尼当然熟人极多，在夏威夷亦有金大先后同学，当路过的美国、台湾和别处的朋友来看他时，他真是满面笑容，讲得不停。我在他身旁听他们谈论，并不是完全回忆几十年以前的事情。记得我在想：这批老头子活跃的头脑倒还是在百分之百地活动；他们住在现在，不过好像没有听见他们预料未来！

学仁自己说有两件遗憾：

1. 他没有去过耶路撒冷和伯利恒；

2. 他没有去过洛斯阿拉莫斯。

不过我猜他有大概自己也不敢承认的遗憾：他真想回南京一次，看看金陵大学和老朋友。

后记

妈妈未过去[1]前几个月，最后一次嘱咐我做的一件事，叫我编爹爹的年谱。一转眼，花了多年的功夫，到底做完了。我放了心，但是也有一点舍不得离开以往的一切。为这本稿子找资料，我才得知爹爹的成就。至少我将爹爹的一生做的事、他说的话，多多少少都记了下来。幸好金陵大学一百周年庆祝得到不少南京和台北老校友回忆的文章。其中有关于爹爹和跟他有关系的人和事业的文献资料。所以，读者可以看出，虽然这本年谱是女儿编纂的，参考和运用的资料还是研究性的。

二十世纪晚年到二十一世纪初年，国内科学和教育学者对研究中国采用电化教育的历史及一切开始发生兴趣。最近有好几篇研究爹爹的教学电影和教育电影的文章发表。一批跟他 1935 年制作的《农人之春》和 1936 年亲自在北海道拍摄的日全食彩色电影有关系的著作也同时出版。这些都替我这份工作帮忙不少。他在联合国关于原子能控制和其他的发言、行动、寄给"外交部"的报告等档案，共八十几包，现在台北"中研院"近代史研究所。一位该所的研究员主动告诉我他的意见："这些档案有供应学者三篇博士论文的资料"。

我希望这本完全没有形状的年谱能帮助未来学者研究魏学仁，这位二十世纪科学家和教育家，以及他在联合国参与讨论、组织国际管控原子能的各种问题。这本年谱里面还有一些他私人的文献资料，是其他地方找不到的。

魏学仁的曾外孙女儿，Kiera Elizabeth Garvin，已经采用此年谱稿子里面的文献资料，写了一篇以魏学仁和美国传教士在南京创办的教育机关为例的论文，作为她在麻省大学研读的"中美关系史"课程论文，得到满分！

---

[1] 编者注：指过世。

魏学仁卓越成就表

· 领队金陵大学英语辩论队连续三年（1919，1920，1921）获得华东教会大学英语辩论赛冠军奖

· 获金陵大学学士学位；被选为中国新成立斐陶斐荣誉学会第一名会员，得该会首次颁发的"金钥匙"奖（1922）

· 取得芝加哥大学物理学博士学位（1928）

· 博士论文《氦光谱 D3 谱线精密结构分析》即登美国科学杂志（1928）

· 即选美国 Sigma Xi 荣誉学会会员（1928）

· 回国任金陵大学教务长，物理系教授兼系主任（1929）

· 首任金陵大学理学院院长（1930）

· 将电化教育（教学教育电影）引入中国大学、中学课程（1930）

· 受教育部委托选研究生，用庚子赔款奖学金送其留学欧美（1930）

· 发起科学电影教育，与教育部和商业电影界合作创办中国教育电影协会（1932）

· 金陵大学教育电影部正式成立（1934），1934—1945 年与孙明经一起共摄制二百多部科学教育与大众常识教育电影

· 将电化教育引入南京与附近城市十六所大学、中学（物理、化学、生物）教室（1936）

· 金陵大学与教育部和中央电影厂合作摄制的《农人之春》在比利时参加比赛获得中国第一个国际电影奖（1935）

· 亲自手持摄影机用柯达彩色胶片拍摄世界第一部彩色日全食影片（北海道，1936）

- 带队在敦煌拍摄彩色照片与彩色电影（1941）
- 与杨简初教授一起创制简单缩微胶卷阅读器及复印机（1941）
- 与杨简初教授合作发明小型湿蓄电池，又用水力和煤炭发电，供应云南山地与四川农村通讯电力（1943）
- 担任中国驻联合国代表团科学顾问（1946）
- 作为联合国原子能委员会科学专家团专家之一，讨论联合国国际原子能控制管理基础等问题，学仁代表专家团报告讨论结果给安全委员会
- 参加首次非军用原子能国际会议（日内瓦，1955）
- 在联合国大会用毛笔签署建制国际原子能机构（IAEA）的条约（1956）
- 被聘请为美国西弗吉尼亚州伯大尼大学物理系教授与特聘国际事务教授（1963），获颁对科技教育杰出贡献铜狮奖（1970）

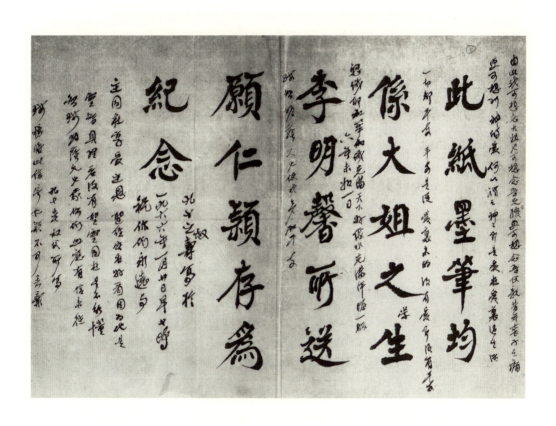

附录二 《摄制日食影片的经过》（1936）[1]

攝製日食影片的經過

魏 學 仁

五月中旬，張鈺智先生到我家裏來，說他準備到俄國伯力去攝取日蝕照片，並且告訴我中國日食觀測委員會有意要找我參加觀測。我一向校務忙碌，原來難以分身前往，但是這次日食是教育影片很好的資料，而教育電影又是我近幾年來努力的一種工作，所以雖在公私繁忙之中，仍然願意接受中國日食觀測委員會的聘請，參加我國北海道觀測隊前往攝製日食影片。經費方面由教育部與中國教育電影協會資助，六月十日，便買舟東渡。同月二十五日，工作完畢，離神戶返國。統計在日本國境不及兩星期，然而工作緊張，雖在舟車旅行之中，仍然沒有一刻少懈。最近「宇宙」擬出日食專號，陳遵嬀先生命將這次攝製日食影片的經過加以敍述。於是整理當時筆記，擇要敍述如下，以就正於諸位讀者。如果這段材料，能作後來攝製日食影片者的參考，那就是意外的收穫了。

一　使命　這次的使命，簡單說來，便是攝製太陽全食時的活動電影。但是進一步問：攝製這套影片，究竟又有什麼目的呢？教育電影的目的，不外是作民衆教育的材料，或者作學校教育的輔助。所以這次日食影片也不是例外。日食的種種現象以及原理，他如關於日食時間的測定，日冕，日輝的變化，用電影來表示是最適宜的。這在純粹科學以及科學教育的立場上，實在佔了極重要的地位。但是除此以外，這次攝製日食影片，還有一個大目的。民國三十年，全食所經地帶，正在我國境內；我們希望這套影片可以喚起我國民衆，尤其是科學界人士注意該年的日食，並且從速聯合起來，作觀測及研究的準備。教育部社會教育司對於日食影片，極爲重視，已有將這套影片列

[1]（魏学仁参加一九三六年到日本日全食观察团拍摄彩色《日全食》影片经过报告，载上海《宇宙》1936年日全食专刊，1936年9月，第73-78页。

攝製日食影片的經過

為教育部自製教育電影第一種的建議。其重要性可以想見了。這套影片的內容大概包括下列數點：

（一）日食紀錄以我國為最早的史實，

（二）日食的簡單原理，

（三）日食的重要性，

（四）偏食及全食的景象，

（五）各國日食觀測隊工作狀況。

攝製的工作，從本年五月中旬開始。截至今日，（四）（五）兩項已在北海道攝製完竣，其餘仍在積極進行中。按此次太陽全食時間不過 113 秒，可是日食影片的攝製，却不是短時間內所能倉猝完成的。

二　儀器　攝製日食照片或電影，皆須應用攝遠鏡頭（telephoto lens）。我國市場中所有的最大攝遠鏡頭，為柯達公司之 F 4.5 之六吋鏡頭。這種鏡頭是專為小型影片即十六毫米影片用的。所幸十六毫米影片乃是教育影片的國際標準，我國民眾教育普通所用的電影映放機，也是十六毫米的。所以我們就決定用這種攝遠鏡頭。至於攝影機，是用柯達公司特式的（Cine Ko-dah Special），這種攝影機式樣精巧，機構靈敏，且是我們習用的老牌子。

彩色電影是現在科學界的新發明。但是彩色的日食影片，尚沒有人攝製過。我們這次決定了同時也嘗試這種彩色日食影片的攝製。所用軟片是柯達的全色片（Kdachrome）。到了日本以後，發現捷克觀測隊也有

74

207

這種計劃。兩方所得結果，將來正可以互相觀摩。我們這次所攝取的彩片影片已由日本寄到美國冲洗去了，因爲這種軟片祇在美國可以冲洗，並且天熱，經久都容易發生不良的影響。這次結果如何還不能預測哩。這種彩色影片，還有一種限制，就是不能複製副本。卽令攝製成功，也祇有原來底片一套而已。

關於儀器方面還有一點是值得報告的：這次觀測隊地點是在日本北海道枝幸村，地方頗小。其時當地風大，有一個攝影機的三角架太軟不能經風，必須設計另作一具木架。太陽全食時的高度是 $39°\frac{1}{2}$，木架必須照這個角度傾斜。可是在福村都尋不出一只分度規，角度無由確定，眼見彩色影片將有不能攝取的危險，未免令人心焦。後來想着一個摺紙法來救急，其法如下：取方紙一張，將直角摺疊分爲兩等角各爲 $45°$，再將其中一角等分爲 $22°\frac{1}{2}$，再依同法繼續分下去可得 $11°\frac{1}{4}$ 與 $5°\frac{5}{8}$ 等角。從 $45°$ 減去 $5°\frac{5}{8}$ 得 $39°\frac{3}{8}$，其大小與太陽全食時之高度，相差不過 $\frac{1}{8}°$，用這方法將角度確定，結果居然不錯。日食時太陽果然向攝影機的中心線前進，至全食時太陽果然在視場中心。

三　光圈與濾光器　日食的過程，可分爲三個階段：從初虧到食旣，卽是從月球剛剛遮及太陽的時候起到月亮將太陽全部遮蓋起來的時候止爲第一個階段。從食旣到生光，卽是全食的期間爲第二個階段。從生光到復圓，卽是從全食終了時到月球完全離開太陽時止爲第三個階段。從照像的技術方面看起來，第一個階段與第三個階段完全相同。這兩個階段都算偏食時期，與第二個階段全食時期所用的攝影技術稍有不同。關於各期攝取影片應用的光圈等項，參考文獻不多。茲就這次所得經驗詳述如後，以供參考。

　　（甲）全食時期應用光圈之確定　太陽在全食時，全體可分爲三部份：中部形圓而色黑的是月亮；沿月亮四周的白色暈稱爲日冕；另外有少數突出的亮光，形狀如同火山峯的，名爲日珥。全食時，攝取太陽照片，攝影機光圈的大小，須看目標是在日冕，還是在日珥；如果目標祇在日冕，光圈須稍大，或者曝光時間應該稍長。普通書籍中日食照片的攝製方法多半如此，月影周圍的日冕十分清晰，但是日珥却難以看出。但是無論目標是在日冕或在日珥，太陽全食時的光之強度，總須預先佑計。據一般人的意見，日冕全部強度，大約與月望時的月光相等。然而實際上，也頗有出入，下表是歷年來觀測日食所得的結果：

太陽全食時日冕（包括日珥）的光之強度

觀測方法	日冕全強度與望月強度之比
日　視	0.75—1.1
照　像	0.17—2.7
光　電	0.5

　　由上表看來，同一日食，若用不同的方法去觀測，其強度竟可相差到十餘倍。就是用同一方法，各人

觀測的結果也大不相同。但是日珥的光度比較日冕強，這是大家公認的。我們在事先曾將這個問題加以討論，所得最重要的結論是假定日冕的強度爲月光強度之半，然後用適合於這種強度的光圈攝取影片，希望日珥以及日冕的大部份，都可以照出。爲愼重起見，我們事先並將攝取日食影片的全部儀器向月光作試驗，以推定何種光圈爲最適宜。結果將攝取月影最清晰的光圈，再加大一道，作攝取全日食的光圈。

　　（乙）偏食時期所用濾光器的設計　　偏食時日光極強，必須用濾光器減低其強度，方能攝取滿意的影片。但是普通濾光器的透光率都是太大，不合此處之用。合用的濾光器，因爲時間迫切來不及購買或借用。遂想了一個經濟而簡單的辦法：用普通攝影軟片一捲放在普通攝影鏡箱裏，向一白紙攝影。每張曝光的時間不同，冲洗出來，底片便成了一組濾光片。這種濾光片，並不防害日影的清晰度。然後用精確的光度計將這組濾光片的透光率加以測定，結果如下：

濾光片之透光率

濾光片號數	透光率(%)		濾光片號數	透光率(%)
1	0.125		5	0.590
2	0.224		6	0.810
3	0.272		7	1.150
4	0.348		8	2.000

這幾號濾光片配合起來，還可得更弱的透光率。例如第一號的透光率爲百分之.125，第八號爲百分之二，若將這兩號合用，便得百萬分之二十五的透光率

。這次攝製日食影片，我們用的是第五號濾光片。

（丙）偏食時期應用光圈的確定　普通攝取影片，多半應用配光表以決定應用的光圈。但是攝取日冕，便不是如此簡單了。配光表祇能表示視場全部的平均光度，而不能測定視場中某一點（例如太陽本身）的光度。是以，若用配光表來決定加了濾光片後攝取日影應用的光圈，結果光圈必嫌太大，日影必因太亮而損壞。想要獲得滿意的結果，所用光圈必須比較配光表所示的小些。我用一張濾光片，先按配光表所示的光圈攝取日影，然後將光圈逐漸減小，同時攝取日影。依同法另取兩張濾光片試驗。冲洗後比較影片的清晰度，得了一條簡單規則，就是攝取日影所用冕圈，應該比配光表所示的光圈小五道。

四　誌謝　這次攝取日食影片蒙觀測隊諸君協助之處很多。此外尚有馮簡先生，原來是應日本天文學家山本博士之請，去觀測日食對於電波之影響的，臨時忽然因故，工作不能進行，於是馮先生幫助我們攝取無色影片。同時還有沈璿先生原來奉上海自然科學研究所之派，赴歐考察天文，適於這時事畢返國；於是順路到日本北海道觀測日食，沈先生對於我國攝取彩色影片頗多幫助。我們對馮沈兩先生謹致十二分的謝意。關於儀器方面上海大華科學儀器公司與上海及東京柯達公司，或協同設計製造，或將貴重的出品借用，也是我們所非常感激的。

捌. 關於第一委員會報告所通過之各項決議案

一　設置委員會處理由原子能之發現所引起之問題

聯合國大會議決設置一委員會，以處理因原子能發明後所引起之種種問題以及其他有關事項，其組織及職權範圍規定如下：

一. 委員會之設置

大會茲設置一委員會，其任務由下列第五節規定之.

二. 委員會與聯合國各機關之關係

（甲）委員會應向安全理事會送呈報告及建議，是項報告及建議，除安全理事會為和平及安全之利益起見，另有指示外應予公開，於適當情形下，安全理事會應將是項報告轉送大會及聯合國各會員國，以及經濟暨社會理事會，與聯合國組織範圍內之其他各機關.

（乙）鑒於聯合國憲章規定，安全理事會之首要責任為維持國際和平及安全. 凡關安全之事項，安全理事會應對委員會指示之，委員會關於此類事項之工作向安全理事會負責.

三. 委員會之組織

委員會以安全理事會各理事國及非任安全理事會理事國時之加拿大，各派代表一人組成之.

出席委員會之各代表得有其所需之協助人員.

四. 議事規則

委員會應有其認為必需之辦事人員，並應作成關於其議事規則之建議，送由安全理事會依程序事項核定之.[1]

五. 委員會之任務規定

委員會應儘速進行其工作及研討本問題之各方面；並對於問題之各方面，就其認為可能隨時作成建議. 委員會尤應作成下列特定提案：

（甲）以推進各國間為達和平目的而作基本科學情報之交換；

（乙）必要範圍內之原子能控制，以確保其僅為和平目的而使用；

（丙）摒除國防軍備中原子武器以及其他一切為廣大破壞之主要武器；

（丁）以檢查及其他方法，有效保衛遵行國家免受破壞及規避行為而生之危險.

委員會之工作，應劃分階段進行之，每一階段之完滿成功，將增進必要之全世界信心以進行次一階段.

委員會不應侵涉聯合國任何機關之職責，但宜向各機構提供建議，以備各機關於其執行聯合國憲章所定之任務時考慮之.

一九四六年一月二十四日，第十七次全會.

---

[1] 学仁一直强调这些建议的程序性，因为程序事项不受安理会否决权的制约。

参考文献

现存档案

中国第二历史档案馆金陵大学理学院档案 编号 1245—1263

　　# 1245 私立金大理学院概况：1930—1936

　　# 1246 金大理学院院长室成都办公室函件存稿

　　# 1250 电机工程系汽车专修科数据

　　# 1251 关于电化教育史料

　　# 1252 关于电化教育报告

　　# 1253 有关购买理化仪器化工原料函

　　# 1254 教育部给金大有关国际学术会议及取用函件

　　# 1262 金大音影部业务分函

　　# 1263 中央湿电池厂档案

伯大尼大学公共关系处与学仁有关系的档案

未出版的笔记

魏学仁伯大尼大学讲课笔记（1962—1971）

魏学仁研究《易经》笔记（1972—1986）

魏学仁在夏威夷教堂主日学圣经班讨论大纲（1972—1986）

魏刘颖保日记（1947：纽约；1973—1974：伯大尼，夏威夷）

金陵大学建校纪念册及校史出版物

《金陵大学》，台北：金陵大学校友会台北分会，1982。

《金陵大学建校一百周年纪念册：1888—1988》，南京：南京大学出版社，1988。

《南京大学物理系成立七十周年纪念册》，南京：南京大学出版社，1991。

《金陵大学建校百周年纪念特刊》，台北：金陵大学校友会台北分会，1988。

《南京大学史》，南京：南京大学出版社，1992。

《金陵大学史》，南京：南京大学出版社，2002。

《金陵大学史料集》，南京：南京大学出版社，1989。

《金陵大学南京校友会通讯》第33期。

其他文献：中文类

（以作者姓名拼音字母顺序安排。）

蔡乐生，《感怀母校的良师》，载《金陵大学建校百周年纪念特刊》，台北：金陵大学校友会台北分会，1988，第17—26页。

曹守敬，《魏院长学仁对国家的贡献》，载《金陵大学》，台北：金陵大学校友会台北分会，1982，第307—310页。

陈捷先，《中国的族谱》，台北："行政院"文化建设委员会，1995。

陈智，《魏学仁首办电影教育——中国第一部获国际奖影片金陵大学教育电影岭峰之作：农人之春》，载《金陵友声》2005年12月：第14—16页。

陈智，《中国第一部获国际奖电影：农人之春逸史》，北京：中国国际文化出版社，2009。

陈祖怀，《列国争雄：公元前 403 年至公元前 221 年的中国故事》，上海：上海文艺出版社，2004，第 34—36 页。

陈遵妫，《中国天文学史》（一至四册），上海：上海人民出版社，1980—1989，第 974—1002 页。

戴邦彦，《1888~1952 年母校学生人数》，载《金陵大学建校一百周年纪念册：1888—1988》，南京：南京大学出版社，1988，第 130—131 页。

董黎，《中国教会大学建筑研究：中西建筑文化的交汇与建筑形态的构成》，珠海：珠海出版社，1998。

高钟润，《一位成功的教育家：回忆魏学仁老师》，载台北：《中外杂志》总第 249 号，第 45 卷（1987）：第 31，34，67—68 页。

高时良，陈名实，《基督教教育与中国科学文化》，香港：香港人民出版社，2004。

洪润庠、王子定，《轶事趣闻：清末民初之毕业生及其学校生活》，载《金陵大学》，台北：金陵大学校友会台北分会，1982，第 419—426 页；又收在香港电影档案馆及香港大学亚洲研究中心合办"中国早期电影历史再探研讨会"（2009 年 12 月 15—17 日）论文集（魏白蒂藏）。

胡玉璋，《我的回顾——从金大音影部（1932）到南大（1952）》，载《南京大学物理系成立七十周年纪念册》，南京：南京大学出版社，1991，第 51—53 页。

黄小英，《专业与学者：解读金陵大学电化教育专业创办史》，载《电化教育研究》，2009（11）：第 120—122 页。

黄小英，《中国早期电化教育专业课程创建的实践探索——以金陵大学电化教育专修科为例》，载《电化教育研究》，2012（1）：第 118—120 页。

金陵大学科教电影编制部，《〈农人之春〉影片首获国际奖七十周年纪念特刊》（2005/1/1）1，第1—3页。

江晓原，陈志辉，《中国天文学会往事》，上海：上海交通大学出版社，2008，第38—107页。

南京市金陵中学，《钟楼记忆：文化，校园，人物》，南京：江苏人民出版社，2013。

黎承萱，《金大四年》，载《金陵大学》，台北：金陵大学校友会台北分会，1982，第249页。

李佛续，《怀念魏院长学仁老师》，载《金陵大学建校百周年纪念特刊》，台北：金陵大学校友会台北分会，1988，第313—320页。

李佛续，《母校西遣记》，载《金陵大学建校百周年纪念特刊》，台北：金陵大学校友会台北分会，1988，第373—380页。

李佛续，《由宜昌到重庆——护送理学院图书仪器入川》，载《金陵大学建校百周年纪念特刊》，台北：金陵大学校友会台北分会，1988，第451—454页。

李适生，《一位成功的科学家——魏学仁》，载《金陵大学》，台北：金陵大学校友会台北分会，1982，第303—306页。

李万钧，《抗战时期电机系的生活》，载《金陵大学建校百周年纪念特刊》，台北：金陵大学校友会台北分会，1988，第379—380页。

路林林、宋燕、李兴保，《物理学领域的早期电化教育专家：魏学仁》，载《现代教育技术》，2013（2）：第12—17页。

南京市地方志编纂委员会办公室，《南京简志》，南京：江苏古籍出版社，1986，第114—116页。

《"农人之春"影片参加国际赛会经过评判结果获得特奖第三》，载《中央日报》，1935年9月8日第三版，第2页。

钱宝钧，《金陵怀旧》，载《金陵大学建校百周年纪念特刊》，台北：

金陵大学校友会台北分会，1988，第 316—317 页。

沙兰芳，《金陵大学沿革》，载《金陵大学建校百周年纪念特刊》，台北：金陵大学校友会台北分会，1988，第 23—34 页。

沈彬康，《理学院化学研究所的回忆》，载《金陵大学》，台北：金陵大学校友会台北分会，1982，第 267—273 页。

孙建秋，《金陵女大（1915—1951）：金陵女儿图片故事》，桂林：广西师范大学大学出版社，2010。

孙明经摄影／著，孙建秋，孙建和编，《孙明经手记：抗战初期西南诸民生写实》，北京：世界图书出版，2011。

孙建三，《Film 为什么叫电影？》，手稿。

孙明经，《前辈老校友魏学仁博士》，载《金陵大学建校一百周年纪念册 1888—1988》，南京：南京大学出版社，1988，第 176—180 页。

孙建三，《电影是如何进入中国大学的》，载《中国电影周报》，无出版日期。

孙明经，《我在金陵大学就学和从事音影工作的回忆》，载《南京大学物理系成立七十周年纪念册》，南京：南京大学出版社，1991，第 50 页。

孙明经，《回顾我国早期的电化教育（下）》，载《电化教育研究》，1983（4），第 67—73 页。

孙明经摄影、张鸣撰述，《1939 年：走进西康》（《老照片》专辑），济南：山东画报出版社，2003。

孙明经摄影、孙建三撰述，《定格西康：科考摄影家镜头里的抗战后方》，桂林：广西师范大学出版社，2010。

谭双泉，《教会大学在近现代中国》，长沙：湖南教育出版社，1995。

王齐兴，《参加华东校际英语辩论比赛获胜回忆》，载《金陵大学建校百周年纪念特刊》，台北：金陵大学校友会台北分会，1988，第 318—319 页。

王兴干，《金陵旧事》，载《金陵大学》，台北：金陵大学校友会台北分会，

1982，第 45—53 页。

魏学仁，《认清科学教育目标》，载《科学教育》第 1 期（1934），第 13—22 页。

魏学仁，《近代科学发展简史》，载《科学教育》第 2 期（1935），第 7—24 页。

魏学仁，《中国之教育电影与教学电影》，载《中国教育电影协会会刊》（1936），第 14—18 页。

魏学仁，《摄制日食影片的经过》，载（上海）《宇宙》1936 年日全食专刊，1936（3），第 73—78 页。

魏学仁，《我国科学教育之概况》，载《科学教育》第 4 期（1937），第 2—9 页。

魏学仁，《万里猎影记魏序》（1939 年 7 月 7 日，为孙明经著《万里猎影记》所作序），载《电影与播音》第 4 卷第 4 期（1945）。

魏学仁、李佛续、章台华，《理学院对国家的贡献》，载《金陵大学》，台北：金陵大学校友会台北分会，1982，第 53—73 页。

魏肇琴等，《魏氏源流》（魏氏五修宗谱）2 册，私人印刷，2004。

魏白蒂，《先父前金陵大学理学院院长魏学仁博士年表》，载顾学稼、林霨、伍宗华编《中国教会大学史论丛》，成都：成都科技大学出版社，1994，第 295—309 页。

魏白蒂，《初探清末民初美国基督教士背景及其早期在南京活动与金陵大学创起》，载《"西学与清代文化"国际学术研讨会论文集》，北京：中国人民大学清史研究所国家清史编纂委员会，2006，第 1146—1169 页。

魏仁杰统筹、魏创有、魏厚学主编，《南阳魏氏族谱》，私人印刷，2002。

魏氏族谱编纂委员会，《魏氏族谱》，彰化：新正出版社，1968。

魏永康,《我国电化教育事业之先驱》,载《物理》,第39卷(2010)第6期:第431—436页。

吴梓明,《基督宗教与中国大学教育》,北京:中国社会科学出版社,2003。

吴在杨,《中国电化教育简史》,北京:高等教育出版社,1994,第6—7页。

吴征铠,《我的一生》,北京:原子能出版社,2006。

萧琴武,《有笃实校风孕成长》,载《金陵大学》,台北:金陵大学校友会台北分会,1982,第207—213页。

徐国懋,《母校对我的教育》,载《金陵大学建校一百周年纪念册:1888—1988》,南京:南京大学出版社,1988,第308—312页。

徐绍武,《旧事二三》,载《金陵大学建校一百周年纪念册》,南京:南京大学出版社,1988,第313—315页。

杨家骐,《金陵大学成都校友会:迁蓉的金陵大学》,载中国人民政治协商会议西南地区文史资料协作会议编《抗战时期内迁西南的高等学校》,贵阳:贵州民族出版社,1988,第275—288页。

叶楚伧、柳诒徵、王焕镳,《首都志》(南京1935),台北复印:正中书局,1966,第729—732,1209—1215页。

章开沅,《文化传播与教会大学》,武汉:湖北教育出版社,1996。

章开沅,《社会转型与教会大学》,武汉:湖北教育出版社,1998。

章开沅、林蔚,《中西文化与教会大学:首届中国教会大学史学术研讨会论文集》,武汉:湖北教育出版社,1991。

赵惠康、孙建三,《20世纪上半叶金陵大学的两次拍摄日全食电影查考》,载《电化教育研究》,2012(3):第103—113页。

周本瑾,《金陵大学生活回忆》,载《金陵大学》,台北:金陵大学校友会台北分会,1982,第286—287页。

朱敬，《我国第一个电化教育组织——中国教育电影协会》，载《电化教育研究》，2011（02），第116—120页。

朱恕，《月明星稀忆母校》，载《金陵大学建校百周年纪念特刊》，台北：金陵大学校友会台北分会，1988，第425—434页。

庄玉图，《魏氏大宗谱》，台中：政艺出版社，1973。

其他文献：外文类
（以作者英文姓氏字母顺序安排。）

Anonymous, "The Camera Plays Its Part", *World Call* (March 1937), p. 34.

［*World Call* , a monthly journal published by the Christian Church (Disciple of Christ) Christian Board of Publications, Cincinnati, Ohio, from 1919 to 1973.］

Barnett, Suzanne Wilson, "Protestant Expansion and Chinese Views of the West", *Modern Asian Studies* 6:2 (1972), pp. 129–49.

——, Suzanne Wilson and John K. Fairbank, eds., *Christianity in China: Early Protestant Missionary Writings,* Cambridge MA: Harvard University Press, 1984.

Bates, M. Searle, *American Missionary Eyewitness to the Nanking Massacre 1937–38*, New Haven: Yale Divinity School Library, 1995.

——, "The Theology of American Missionaries in China 1900-1950", in John K. Fairbank, ed., *The Missionary Enterprises in China and America,* Cambridge MA: Harvard University Press, 1974, pp. 135–58.

Bowman, Howard, and Richard C. Howard, eds., *Biographical Dictionary of Republican China*, New York: Columbia University Press, 1967–1971.

Campbell Obituary: "Alexander Campbell, A Brief Sketch of His Life and Public Career", *The Wheeling Daily Intelligencer* (March 6, 1866).

Carpenter, Francis, "United Nations Atomic Energy News", *The Bulletin of the Atomic Scientists* 3 (March 1950), p. 90.

China Institute of International Affairs, China and the United Nations, New York: Manhattan Publishing Company, 1959.

Cummins, D. Duane, Bethany College: A Liberal Arts Odyssey, St. Louis, Missouri: Chalice Press, 2014.

Dolan, Jay P., "The Immigrants and Their Gods: a New Perspective in American Religious History", in Henry Warner Bowen and P. C. Komeny, eds., *American Church History: A Reader*, Nashville TN: Abingdon Press, 1998, pp. 59–71.

Durdin (Frank Tillman Durdin 1907–1998) papers at the University of California San Diego Mandeville Special Collections Library (MSS 0095)

Fairbank, John King, Edwin O. Reischauer, and Albert M. Craig, *East Asia: Tradition and Transformation*, Boston: Houghton Mifflin, 1978.

——, ed., *The Missionary Enterprises in China and America*, Cambridge MA: Harvard University Press, 1974.

Feuerwerker, Albert, *The Foreign Establishment in China in the Early Twentieth Century*, Ann Arbor: University of Michigan Press, 1976.

Gates, E, *The Disciples of Christ,* New York: Baker and Taylor, 1905.

Gish, Edna Whipple, "Chinese Christian Couple Do Outstanding Work", *World Call* (April 1944), p. 34.

——, "China's Youths on the March", *World Call* (March 1935), p. 14.

Goto, Sand M. Yamasaki, "Cinematographic Observations of the total Solar Eclipse of June 19, 1936", *Popular Astronomy* XLV, p. 3.

Hamm, Terrance, "A Brief History of the Disciples of Christ in West Virginia", *West Virginia Historical Society Quarterly* XIII (January 1999), p. 1.

Hsü, Immanuel C. Y., *The Rise of Modern China*, 5th edition, New York and Oxford: Oxford University Press, 1995.

Hunter, Alan and Kim-kwong Chan, *Protestantism in Contemporary China*, Cambridge: Cambridge University Press, 1993.

Hyatt, Irwin T. Jr., *Protestant Missions in China* (1877–1890): The Institutionalization of Good Works. *The Papers on China* 17 (1963), pp. 67–100; also in Kwang-ching Liu, *American Missionaries in China*, paper from the Harvard seminars, Cambridge MA: East Asian Research Center, 1966, pp. 11–41.

Khiss, Peter, "UN Atomic Energy News" , *The Atomic Scientists*. 3:3:9(September 1947), pp.247-51.

Latourette, Kenneth Scott (1884–1968), *A History of Christian Missions in China*, London: Society for Promoting Christian Knowledge, 1929.

Lu Suping, *They Were in Nanjing: The Nanjing Massacre Witnessed by American and British Nationals*, Hong Kong: Hong Kong University Press, 2004.

Lutz, Jessie Gregory, *China and the Christian Colleges 1850–1950*, Ithaca NY: Cornell University Press, 1971.

Mac Gillivray, Donald (1862–1931) ed., *A Century of Protestant Missions in China, 1807–1907*, (Shanghai, 1907) San Francisco reprint: Chinese Materials Center, 1979.

Marx, Edwin, "Dr. Wei Hsioh Ren", *World Call* (February, 1935), p.14.

Mead, Sidney E., "Abraham Lincoln's 'Last, Best Hope of Earth': the American Dream of Destiny and Democracy", in Henry Warner Bowen and P. C. Komeny, eds., *American Church History: A Reader*, Nashville TN: Abingdon

Press, 1998, pp.37–48.

Menzel, Donald and Paul McNally, "The Total Eclipse of the Sun on June 19, 1936", *Popular Astronomy* 44: 4 (April, 1936), pp.175–79.

Mote, Frederick W., *China and the Vocation of History in the Twentieth Century: A Personal Memoir*, Princeton: East Asian Library Journal in Association with Princeton University Press, 2010. (This is a posthumous publication.)

——, *Imperial China: 900-1800*, Cambridge MA: Harvard University Press, 1999, pp.949–73.

——, "Transformation of Nanking 1350-1400", in G. William Skinner, ed., *The City in Late Imperial China*, Stanford: Stanford University Press, 1977, pp.135–53.

Ng, Tze-ming Peter, *Changing Paradigms of Christian Higher Education in China 1888–1950*, Lewiston NY: E. Mellon Press, 2002.

Noll, Mark A., *A History of Christianity in the United States and Canada*, Grand Rapids: William B. Erdmans Publishing Company, 1992.

Paul, Charles Thomas (1869–1940), *Disciples of Christ: Missions—China*, (Indianapolis: Published for the Boards by the College of Missions, 1919), University of Chicago Microfilm.

Playfair, G. M. H., *The Cities and Towns of China: A Geographic Dictionary*, second edition (Shanghai: Kelly and Walsh, 1910); Taipei Reprint: Cheng Wen Publishing co., 1971.

Rabe, Valentin H., "Evangelical Logistics: Mission Support and Resources to 1920", in John K. Fairbank, ed., *The Missionary Enterprises in China and America*, Cambridge MA: Harvard University Press, 1974, pp.56–90.

Ring, Trudy et. al., eds., *International Dictionary of Historic Places,*

Chicago: Fitzroy Dearborn Publisher, 1995.

Rowe, Edith, letters to Louese Strawbridge from Wuhu 1903–1906 in the collection of Harry V. Ryder, Jr., See Wei Peh-t'i, "Found in a Pennsylvania Attic: Letters from China 1903–1906, with illustrations", *Journal of the Hong Kong Branch of the Royal Asiatic Society* 25 (1985), pp.152–86.

Skinner, G. William et al., eds., *Modern Chinese Society*: *an Analytical Bibliography*, Stanford: Stanford University Press, 1973.

Smalley, Martha Lund, editor, Tien-wei Wu, preface, and Beatrice Bartlett, Introduction, *American Missionary Eyewitnesses to the Nanking Massacre, 1937–1938*, New Haven: Yale Divinity School Library Occasional Publication No. 9, 1997.

Smith, Carl T., *Chinese Christians: Élites, Middlemen, and the Church in Hong Kong*, Hong Kong: Oxford University Press, 1985.

Starratt, Rose M., A *Sesquicentennial Review of the Park Avenue Christian Church*, New York, St. Louis MO: Bethany Press, 1963, pp.1–16.

Webster, J. B. , *Christian Education in China*, New York: Dutton Books, 1923.

Wei Hsioh-ren, "An Analysis of the Fine Structure of the D3-Line of Helium", a dissertation submitted to the Graduate Faculty in candidacy for the degree of Doctor of Philosophy, Department of Physics, The University of Chicago, Illinois (June 1928).

——, "What I Owe Christ", *World Call* (February 1935), pp.14–15.

——, Statements on International Control of Uses of Atomic Energy, on Atomic Radiation, and on Disarmament, published in United Nations documents, 1946–1962.

——, "Where Shall I Put My Life". *World Call* (May 1949), pp.22–23.

——, *Classification of Slide: Films and Motion Pictures*, New York: Carnegie Endowment for International Peace, 1950.

Wei Hsioh-Ren, Jamal el-Kourdajy, Ralph L. Harry and Paul. C. Fine, "Processing and Purification of Source Materials", *Bulletin of the Atomic Scientists of Chicago* 3: 3: 9 (September 1947), pp. 259, 265.

Wei, Betty Peh-t'i, *Shanghai: Crucible of Modern China*, Hong Kong and Oxford: Oxford University Press, 1987.

——, *A Chronological Biography: Remembering My Father Wei Hsioh-Ren (1899–1987) Scientist, Educator, and Diplomat*, Hong Kong: Jao Tsung-I Petit Ecole, University of Hong Kong, 2016.

Williams, Lilian C., *Yesterdays in China*, privately printed, Newburyport MA, 1956.

Zatt, Brandon (text) and Steven Harris (photographs), "Silken Treasure: Nanjing's artisans are weaving their magic to give an ancient art a modern twist", *Silk Road* (Dragon Air in-flight monthly magazine) (August 2009), pp. 26–30.

人名与关键词索引

中文版后记

以文字筑牢记忆，用记忆抵抗遗忘。大概所有的年谱撰写者都会抱有这样质朴的心愿，让年谱中的人物不被历史的尘埃湮没，不为人们的记忆所忘。

2014 年，当我在香港与魏白蒂教授见面聊天时，她告诉我正在为她父亲魏学仁写一部年谱。两年后，*A Chronological Biography: Remembering My Father Wei Hsioh-Ren (1899–1987): Scientist, Educator, and Diplomat*（《先父魏公学仁年谱：科学家，教育家，外交家》）面世。魏教授特别赠送我一本。这部年谱虽然是用英文书写，但魏教授采用了中国传统的编年体，以年份为序记录了她父亲一生经历的重要事件，并配以魏氏家族的私人珍藏照片和图片，讲述其先父魏学仁在中国近代史与世界史之中的角色。

英文版完成后，魏教授便着手准备中文版的撰写。这是她在 2003 年退休时，对自己的承诺：这部年谱不仅有英文版，还要有中文版。可是，自从十七岁去国离乡，魏教授在之后几十年中几乎未再使用中文书写，但是为了完成这部年谱的中文版，耄耋之年的她不畏困难，使用自己不擅长的中文输入法在电脑中一字一字地写下这部年谱。这对她而言，实非易事。2020 年，我收到了魏教授寄来的中文版初稿。

承蒙魏教授的信任，她将中文版书稿交给我，让我帮她"处理"。魏教授著述丰硕，为人谦逊。她简单谦逊的话语，我心领神会。看着她寄来的书稿，目光在字里行间行走，感动之外，我从心底感谢她多年的辛勤付出。后人凭借她留下的这些珍贵文字记录，不仅可以去想象百年的魏家风云，而且也能想象百年的民族风云。

在我心里，这部中文版是可贵的。可贵之处在于它是史料，原始，真实。

这体现在多个方面，包括文字表达和行文风格。在魏教授的文字中，我能感受到一缕民国文风和淡淡的旧时南京方言的韵味。所以，我在修改书稿时，以保持原本的语言文字表达风貌为原则，并且将这一修改原则诚恳地向魏教授说明，她欣然接受。我对书稿所做的每一处改动，都一一告诉魏教授。她遇到不解之处，也会虚心求解。有一次，为了更好地体现句文含义，我将"破露"一词改为"透露"，她看后谦虚地说我是"一字师"。她的谦逊，令我敬佩，更是我们后生晚辈的学习典范。

为了尽量做到中文版的插图和英文版中一样，当时已迁居美国的魏教授委托香港大学饶宗颐学术馆的罗慧老师，寄给我一份快递包裹，里面是由十个信封分装的照片资料。在这一摞照片里，只有一张黑白照片被仔细地装在精美的相框中，相框顶部用丝带系了一个蝴蝶结。那张照片就是1933年夏天魏教授一家的全家福。魏教授一定非常珍视这张照片。我把所有照片仔细扫描成电子版后，将照片资料又重新装回那十个信封，等待中文版出版之后，将全部照片完璧归赵。

2021年，书稿全部修改好。接下来，请哪家出版社出版呢？我首先想到的是南京大学出版社。魏学仁是南京人，又是金陵大学理学院首任院长，与南京大学渊源颇深，若能请南京大学出版社出版此书，让魏学仁以另一种形式与家乡、与母校再产生一次联结，这或许能弥补一点他生前未能再回南京一次、与众亲友相见团聚的遗憾。

今年恰逢南京大学建校百廿周年，这部年谱在如此有纪念意义的年份顺利出版，魏教授和我要特别感谢南京大学物理学院和王伯根院长的鼎力支持。没有他们的支持，这部年谱不可能出版得如此顺利。

我们还要感谢南京大学出版社承接这项出版工作。感谢吴汀主任、王南雁编辑、潘琳宁编辑对我们的帮助。特别是后两位老师，她们承担了许多具体且繁琐的编辑工作。这部年谱能以如此美好的面貌呈现在读者面前，与她们认真而辛勤的付出密不可分。

另外，我自己要感谢在出版这部年谱过程中所有给予我关心、指导与帮助的师友。他们的每一份鼓励都化作我前进的勇气与动力，支撑着我一步一脚印坚定地向目标迈进。

最后，感谢阅读这部年谱的读者。因为你们的存在，让我们的书写拥有更加深远的意义。

朱茜

壬寅夏至

写于金陵鼓楼寓所

图书在版编目（CIP）数据

魏学仁年谱：1899—1987 /（美）魏白蒂著 . -- 南京 : 南京大学出版社 , 2022.9

ISBN 978-7-305-25721-6

Ⅰ . ①魏⋯ Ⅱ . ①魏⋯ Ⅲ . ①魏学仁（1899–1987）– 年谱 Ⅳ . ① K825.46

中国版本图书馆 CIP 数据核字（2022）第 090622 号

出版发行 南京大学出版社
社　　址　南京市汉口路22号　　邮　编　210093
出 版 人　金鑫荣

书　　名　**魏学仁年谱：1899—1987**
著　　者　（美）魏白蒂
审　　稿　朱　茜
责任编辑　潘琳宁　　编辑热线　025-83595840

照　　排　南京新华丰制版有限公司
印　　刷　苏州工业园区美柯乐制版印务有限责任公司
开　　本　787×1092　1/16　印张　16.25　字数　193　千
版　　次　2022年9月第1版　2022年9月第1次印刷
ISBN　978-7-305-25721-6
定　　价　98.00元

网址：http://www.njupco.com
官方微博：http://weibo.com/njupco
官方微信号：njupress
销售咨询热线：（025）83594756